Holding Familiar: É Para Todo Mundo?

Marco Túlio Freire

Índice de Holding Familiar: É Para Todo Mundo?

Dedicatória 6

Sobre o Autor 7

Sobre Este Livro 8

Introdução 10

Capítulo 1: O que é uma Holding Familiar? 13

    Definição: Conceito e Características de uma Holding Familiar 13

        Tipos de Holding 13

    História e Evolução 14

        Origem das Holdings 14

        Evolução no Brasil 14

        Contexto Atual 14

        Exemplos e Contextualização 15

        Contextos Econômicos e Culturais 15

        Considerações Finais 16

Capítulo 2: Benefícios da Holding Familiar 17

    Planejamento Sucessório 17

    Planejamento Tributário 18

    Sucessão Planejada 20

    Considerações Finais 21

Capítulo 3: Desafios e Riscos 22

    Aspectos Legais na Constituição da Holding 22

    Custos de Implementação 23

    Custos de Manutenção 23

    Conflitos Familiares 23

        Causas Comuns de Conflitos 24

        Estratégias para Evitar Conflitos 24

    Riscos Fiscais 24

        Estratégias para Gerenciamento de Riscos Fiscais 25

    Desafios Operacionais 25

        Estratégias para Superar Desafios Operacionais 26

    Cenários Adversos 26

        Estratégias para Enfrentar Cenários Adversos 26

    Considerações Finais 27

Capítulo 4: Quem Deve Considerar uma Holding Familiar? 28
- Perfil Ideal.................28
- Critérios de Avaliação.................28
- Estudos de Caso.................29
- Análise de Cenários.................30
- Considerações Finais.................31

Capítulo 5: Passo a Passo para Criar uma Holding Familiar.................32
- Planejamento Inicial.................32
- Estruturação da Holding.................33
- Gestão e Governança.................34
- Documentação Necessária.................35
- Implementação de Estruturas de Controle.................36
- Manutenção e Compliance.................37
- Considerações Finais.................37

Capítulo 6: Alternativas à Holding Familiar.................39
- Outras Estruturas Jurídicas.................39
- Vantagens e Desvantagens.................39
- Cenários Comparativos.................41
- Flexibilidade e Adaptação.................42
- Considerações Finais.................42

Capítulo 7: Perguntas Frequentes.................44
- Principais Dúvidas.................44
- Mitos e Verdades.................45
- Depoimentos e Experiências.................45
- Recomendações Práticas.................46
- Considerações Finais.................47

Conclusão.................48
- Reflexão Final.................49
- Próximos Passos.................49
- Mensagem Final.................50

Glossário de Termos.................51

Bibliografia.................54

Recursos Adicionais.................55

Dedicatória

Dedico esse livro em especial a minha filha Pietra e minha esposa Gláucia...

Obrigado por sempre me apoiar e acreditar em mim... mesmo quando nem eu mesmo acredito...

Dedico também ao meu sócio na Fávaro & Freire, Rafael Fávaro... Obrigado por me apoiar em todos os meus projetos...

Sobre o Autor

Marco Túlio Freire é um advogado especializado em Direito Empresarial e Planejamento Sucessório, com mais de 20 anos de experiência na área. Graduado em Direito pelo Centro Universitário de Lavras (Unilavras) e em Ciências da Computação pela Universidade Federal de Lavras (UFLA), Marco também possui um MBA em Gestão de Negócios em Comércio e Venda pela Fundação Getúlio Vargas (FGV).

Além de sua carreira jurídica, Marco Túlio é um empresário bem-sucedido, dirigindo diversas lojas de móveis e decorações sob a marca JAG Móveis, além de ser um membro ativo do Time Holding Brasil.

Além de sua atuação prática, Marco Túlio é autor de diversos artigos publicados em revistas especializadas e periódicos jurídicos, tanto do universo jurídico como administrativo e de negócios. Seu compromisso com a educação e a disseminação do conhecimento levou-o a escrever livros e artigos sobre planejamento sucessório e governança corporativa, ajudando profissionais e empresários a entenderem melhor os desafios e oportunidades das holdings familiares.

Marco Túlio Freire é reconhecido por sua abordagem prática e estratégica, que combina conhecimento técnico com uma visão de negócios orientada para resultados. Seu trabalho tem ajudado inúmeras famílias empresárias a garantir a continuidade de seus negócios e a proteger seus patrimônios, promovendo a estabilidade e a prosperidade das futuras gerações.

Você pode seguir Marco Túlio Freire nas redes sociais, ou no seu site, para acompanhar suas próximas obras e ficar por dentro de todas as novidades:

- **Instagram:** @MarcoTulioFreire.adv
- **Site:** www.marcotuliofreire.adv.br

Marco Túlio espera que seus leitores encontrem inspiração, aventura e magia em suas histórias, e agradece a todos que embarcam com ele nessa jornada literária.

Sobre Este Livro

"Holding Familiar: É Para Todo Mundo?" é uma obra abrangente e esclarecedora que busca responder às principais dúvidas sobre a constituição e gestão de holdings familiares. Escrito por Marco Túlio Freire, renomado advogado e consultor empresarial, o livro oferece uma análise detalhada dos benefícios, desafios e estratégias associadas a essa estrutura jurídica, essencial para a proteção e continuidade dos negócios familiares.

Com uma abordagem prática e acessível, o autor explora os aspectos cruciais das holdings familiares, desde os conceitos básicos até os detalhes mais complexos da legislação brasileira. Marco Túlio Freire combina sua vasta experiência profissional com uma linguagem clara e objetiva, tornando o conteúdo compreensível tanto para leigos quanto para profissionais do direito e contabilidade.

Os capítulos do livro abordam temas como planejamento sucessório, proteção patrimonial, eficiência fiscal, gestão centralizada, estabilidade e continuidade dos negócios familiares, além da flexibilidade e capacidade de adaptação das holdings a mudanças legislativas e de mercado. Cada seção é enriquecida com exemplos práticos e estudos de caso que ilustram como as holdings familiares podem ser adaptadas a diferentes contextos econômicos e culturais.

"Holding Familiar: É Para Todo Mundo?" é uma leitura indispensável para famílias empresárias que desejam entender melhor as vantagens e desafios dessa estrutura, bem como para advogados, contadores e consultores que buscam aprimorar seus conhecimentos e oferecer soluções eficazes a seus clientes. Este livro é um guia essencial para quem deseja proteger e perpetuar o legado familiar, garantindo a estabilidade e a prosperidade das futuras gerações.

Introdução

Objetivo do Livro

A criação de uma holding familiar é uma estratégia adotada por muitas famílias empresárias com o objetivo de proteger o patrimônio, garantir a continuidade dos negócios e otimizar a gestão e a sucessão dos bens familiares. No entanto, a pergunta que muitas pessoas se fazem é: "A holding familiar é para todo mundo?" Este livro tem como objetivo principal responder a essa pergunta de maneira clara e detalhada, fornecendo uma visão completa sobre o que é uma holding familiar, seus benefícios, desafios e se essa estrutura jurídica é adequada para todas as famílias empresárias.

Nosso objetivo é explicar de maneira acessível, mas técnica, os aspectos cruciais das holdings familiares. A ideia é que, ao final da leitura, o leitor tenha um entendimento profundo sobre o tema, independentemente de sua formação em direito ou contabilidade. Vamos abordar desde os conceitos básicos até os aspectos mais complexos e específicos da legislação brasileira, oferecendo uma base sólida para que os leitores possam tomar decisões informadas sobre a constituição de uma holding familiar.

Ao longo dos capítulos, discutiremos como as holdings familiares podem facilitar o planejamento sucessório, proteger o patrimônio, oferecer eficiência fiscal e promover uma gestão centralizada e profissionalizada dos negócios familiares. Também exploraremos os desafios e riscos associados a essa estrutura, como a complexidade jurídica, os custos de implementação e manutenção, e os possíveis conflitos familiares. O livro apresentará ainda um guia passo a passo para a criação de uma holding familiar, com orientações práticas e detalhadas.

Importância do Tema

No cenário empresarial brasileiro, a relevância das holdings familiares tem crescido significativamente. Com a economia cada vez mais globalizada e competitiva, as famílias empresárias enfrentam desafios complexos para garantir a proteção e a continuidade de seus negócios. A holding familiar surge como uma solução eficaz para muitos desses desafios, proporcionando uma estrutura jurídica que permite uma gestão mais eficiente e segura do patrimônio familiar.

A legislação brasileira, com suas particularidades e complexidades, exige que as famílias busquem soluções que garantam a proteção de seus ativos e a eficiência na gestão e na sucessão dos negócios. As holdings familiares, ao centralizarem a administração dos bens e empresas em uma única entidade, oferecem diversos benefícios, como a redução de riscos fiscais, a facilitação do planejamento sucessório e a otimização tributária.

Além disso, a proteção patrimonial é uma preocupação crescente entre as famílias empresárias. A criação de uma holding permite a segregação dos ativos, reduzindo a exposição a riscos e protegendo os bens contra possíveis disputas judiciais e credores. Essa estrutura jurídica oferece uma camada adicional de segurança, essencial em um ambiente econômico e jurídico instável.

Outro aspecto importante é a continuidade dos negócios familiares. A sucessão empresarial é um dos maiores desafios enfrentados pelas famílias empresárias, e a holding familiar proporciona uma ferramenta eficaz para garantir que a transição de uma geração para outra ocorra de maneira tranquila e organizada. Com a implementação de uma holding, é possível estabelecer regras claras para a sucessão e a administração dos negócios, evitando conflitos e garantindo a perpetuação do legado familiar.

Por fim, a governança corporativa é um tema de crescente importância para as empresas familiares. A constituição de uma holding permite a implementação de boas práticas de governança, com a criação de conselhos de administração e outros mecanismos de controle e supervisão. Isso não apenas melhora a gestão dos negócios, mas também aumenta a transparência e a confiança entre os membros da família e outros stakeholders.

Estrutura do Livro

Este livro está dividido em oito capítulos principais, além de uma introdução e apêndices com materiais complementares. A seguir, apresentamos uma breve descrição de cada capítulo e o que o leitor pode esperar aprender em cada um deles:

Capítulo 1: O que é uma Holding Familiar?

Neste capítulo, apresentaremos o conceito de holding familiar, suas principais características e os diferentes tipos de holdings (pura e mista). Discutiremos a evolução histórica das holdings familiares no Brasil e no mundo, oferecendo uma base sólida para entender o contexto em que essas estruturas se inserem. Também abordaremos exemplos práticos e contextos nos quais as holdings familiares são utilizadas.

Capítulo 2: Benefícios da Holding Familiar

Aqui, exploraremos os principais benefícios de se constituir uma holding familiar. Discutiremos como a holding facilita o planejamento sucessório, protegendo o patrimônio e garantindo a continuidade dos negócios. Abordaremos a eficiência fiscal proporcionada por essa estrutura e como a centralização da gestão pode promover uma administração mais eficiente e profissionalizada. Também destacaremos a estabilidade e a continuidade que uma holding pode oferecer aos negócios familiares, bem como sua flexibilidade e capacidade de adaptação a mudanças legislativas e de mercado.

Capítulo 3: Desafios e Riscos

Neste capítulo, analisaremos os desafios e riscos associados à constituição e à gestão de uma holding familiar. Discutiremos a complexidade jurídica envolvida, os custos de implementação e manutenção, e os potenciais conflitos familiares que podem surgir. Também abordaremos os riscos fiscais e os desafios operacionais que precisam ser considerados. Além disso, exploraremos como as holdings podem enfrentar cenários econômicos adversos e crises financeiras.

Capítulo 4: Quem Deve Considerar uma Holding Familiar?

Neste capítulo, discutiremos o perfil ideal de famílias e empresas que podem se beneficiar de uma holding familiar. Apresentaremos critérios de avaliação para determinar se a constituição de uma holding é a melhor opção para a sua situação específica. Utilizaremos estudos de caso para ilustrar exemplos práticos de famílias que implementaram holdings com sucesso. Também faremos uma análise de diferentes cenários onde a holding familiar é recomendada ou não.

Capítulo 5: Passo a Passo para Criar uma Holding Familiar

Aqui, forneceremos um guia detalhado para a criação de uma holding familiar. Discutiremos o planejamento inicial, a importância de contratar consultoria especializada e os passos legais e administrativos necessários. Abordaremos a estruturação da holding, a implementação de boas práticas de governança e a documentação necessária. Também discutiremos o processo de registro, a implementação de estruturas de controle e a manutenção contínua e compliance.

Capítulo 6: Alternativas à Holding Familiar

Neste capítulo, exploraremos outras estruturas jurídicas que podem ser alternativas à holding familiar, como sociedades limitadas e empresas individuais. Faremos uma análise comparativa das vantagens e desvantagens de cada alternativa e apresentaremos cenários onde essas estruturas podem ser mais vantajosas. Discutiremos como diferentes estruturas se adaptam a necessidades específicas e contextos empresariais variados.

Capítulo 7: Perguntas Frequentes

Este capítulo será dedicado a responder às perguntas mais comuns sobre holdings familiares. Desmistificaremos crenças populares e forneceremos respostas claras e objetivas para as dúvidas frequentes. Incluirá depoimentos e experiências de pessoas que implementaram holdings e suas recomendações práticas.

Capítulo 8: Conclusão

Na conclusão, faremos um resumo dos principais pontos abordados no livro, refletindo sobre a decisão de criar ou não uma holding familiar. Apresentaremos orientações para quem deseja aprofundar o tema ou iniciar o processo de constituição de uma holding. Também incluiremos uma mensagem final sobre a importância de uma análise criteriosa antes de tomar essa decisão.

Apêndices

Os apêndices incluirão um glossário de termos técnicos, uma bibliografia com fontes e referências utilizadas, recursos adicionais como livros, artigos e sites recomendados.

Esperamos que este livro forneça uma visão completa e esclarecedora sobre as holdings familiares, ajudando os leitores a entender os benefícios, desafios e processos envolvidos. Queremos que você, leitor, se sinta confiante para avaliar se a constituição de uma holding familiar é a decisão certa para proteger e perpetuar o legado de sua família.

Capítulo 1: O que é uma Holding Familiar?

Definição: Conceito e Características de uma Holding Familiar

Uma holding familiar é uma entidade jurídica criada com o objetivo principal de deter participações em outras empresas ou administrar bens e ativos pertencentes a uma família. Essa estrutura é utilizada para facilitar a gestão patrimonial, promover a eficiência fiscal, proteger os bens da família e assegurar a continuidade dos negócios entre as gerações. A holding familiar pode ser constituída como uma sociedade limitada (Ltda) ou uma sociedade anônima (S/A), dependendo das necessidades e características da família empresária.

As principais características de uma holding familiar incluem:

- **Centralização da Gestão**: A holding familiar permite a centralização da administração dos ativos e empresas da família em uma única entidade, facilitando a tomada de decisões e a implementação de estratégias de longo prazo.
- **Proteção Patrimonial**: A constituição de uma holding familiar proporciona uma camada adicional de proteção aos bens da família, dificultando a penhora por credores e reduzindo a exposição a riscos.
- **Planejamento Sucessório**: A holding facilita a transferência de bens e participações societárias entre as gerações, permitindo uma sucessão ordenada e evitando disputas familiares.
- **Eficiência Fiscal**: A holding familiar pode se beneficiar de regimes tributários mais vantajosos e utilizar estratégias de planejamento fiscal que reduzam a carga tributária global da família.

Tipos de Holding

Existem diferentes tipos de holdings familiares, cada uma com características específicas que atendem a diferentes necessidades e objetivos das famílias empresárias. Os principais tipos são:

Holding Pura

A holding pura é uma entidade jurídica que tem como único objetivo deter participações em outras empresas. Ela não realiza atividades operacionais próprias e sua função principal é centralizar a administração das participações societárias da família. Esse tipo de holding é utilizado principalmente para facilitar a gestão e o controle das empresas do grupo familiar, proporcionando uma visão consolidada das operações e permitindo uma administração mais eficiente.

Holding Mista

A holding mista, além de deter participações em outras empresas, também pode exercer atividades empresariais próprias, como a prestação de serviços ou a realização de operações comerciais. Esse tipo de holding é útil para famílias que desejam combinar a gestão patrimonial com atividades operacionais, permitindo uma maior diversificação das fontes de receita e uma gestão mais integrada dos negócios familiares.

Holding de Controle

A holding de controle é criada com o objetivo principal de exercer o controle acionário sobre outras empresas. Essa estrutura é comum em grandes conglomerados empresariais, onde a holding detém a maioria das ações ou quotas das empresas controladas, garantindo o poder de decisão sobre as principais questões estratégicas e operacionais. A holding de controle permite uma coordenação eficiente das atividades das empresas do grupo, promovendo sinergias e economias de escala.

Holding de Administração

A holding de administração, por sua vez, é focada na gestão e administração dos ativos e bens da família, como imóveis, investimentos financeiros e propriedades rurais. Essa estrutura é ideal para famílias que possuem um patrimônio diversificado e desejam uma gestão centralizada e profissionalizada dos seus ativos. A holding de administração pode contratar gestores especializados e implementar políticas de governança para garantir a eficiência e a transparência na administração do patrimônio familiar.

História e Evolução

Origem das Holdings

A origem das holdings remonta ao final do século XIX, quando grandes conglomerados empresariais começaram a surgir nos Estados Unidos e na Europa. Essas estruturas permitiram que famílias empresárias controlassem múltiplos negócios de forma mais eficiente e segura. A primeira legislação específica sobre holdings foi promulgada nos Estados Unidos em 1889, permitindo a criação de empresas holding para controlar outras empresas. Essa inovação jurídica foi rapidamente adotada por grandes corporações como a Standard Oil e a U.S. Steel, que utilizaram holdings para consolidar suas operações e expandir seus negócios.

Evolução no Brasil

No Brasil, as holdings começaram a ganhar relevância a partir das décadas de 1980 e 1990, com a modernização do ambiente empresarial e a necessidade de estruturas mais sofisticadas de planejamento patrimonial. A abertura econômica e a globalização impulsionaram a adoção de práticas empresariais avançadas, incluindo a criação de holdings familiares para centralizar a gestão dos negócios e proteger o patrimônio das famílias empresárias.

A legislação brasileira passou a reconhecer e regulamentar as holdings de forma mais explícita, com a promulgação do Código Civil de 2002 (Lei nº 10.406/2002) e a Lei das S/A (Lei nº 6.404/1976). Essas leis fornecem a base legal para a constituição e operação das holdings, definindo os requisitos e procedimentos para a criação de sociedades limitadas e anônimas.

Contexto Atual

No contexto atual, as holdings familiares são amplamente utilizadas por famílias empresárias brasileiras para enfrentar os desafios de um ambiente econômico e jurídico complexo. A utilização de holdings permite a otimização tributária, a proteção patrimonial e a facilitação do planejamento sucessório, proporcionando uma estrutura eficaz para a administração dos bens e negócios familiares.

A evolução das práticas de governança corporativa também contribuiu para a disseminação das holdings familiares no Brasil. As famílias empresárias estão cada vez mais conscientes da importância de implementar boas práticas de governança, incluindo a criação de conselhos de administração, a adoção de políticas de transparência e a profissionalização da gestão. As holdings familiares, com sua estrutura centralizada, são uma ferramenta eficaz para implementar essas práticas e garantir a continuidade e a sustentabilidade dos negócios familiares.

Exemplos e Contextualização

Exemplos Práticos de Holdings Familiares

Vamos agora explorar alguns exemplos práticos de holdings familiares e como elas se adaptam a diferentes contextos econômicos e culturais. Esses exemplos ajudarão a ilustrar os benefícios e desafios das holdings familiares em situações reais.

Grupo Votorantim

Um dos exemplos mais conhecidos de holding familiar no Brasil é o Grupo Votorantim. Fundado pela família Ermírio de Moraes, o grupo é um dos maiores conglomerados empresariais do país, com atuação em diversos setores, como cimento, metais, energia, celulose e financeiro. A holding Votorantim S.A. centraliza a gestão das participações societárias e dos ativos da família, permitindo uma administração eficiente e profissionalizada dos negócios. A estrutura de holding também facilita o planejamento sucessório e a proteção patrimonial, garantindo a continuidade do grupo ao longo das gerações.

JBS S.A.

Outro exemplo relevante é o da JBS S.A., uma das maiores empresas de alimentos do mundo, controlada pela família Batista. A holding J&F Investimentos, fundada pelos irmãos Batista, detém participações significativas na JBS e em outras empresas do grupo, centralizando a gestão e o controle acionário. A criação da holding permitiu uma administração mais eficiente dos negócios e facilitou a expansão internacional da JBS. A estrutura de holding também foi fundamental para a implementação de práticas de governança corporativa e a gestão de riscos.

Grupo Gerdau

O Grupo Gerdau, fundado pela família Gerdau Johannpeter, é outro exemplo de sucesso na utilização de uma holding familiar. A holding Metalúrgica Gerdau S.A. controla a Gerdau S.A., uma das maiores produtoras de aço do mundo. A estrutura de holding permitiu a centralização da gestão dos negócios da família e a implementação de uma governança corporativa robusta. A holding também facilitou o planejamento sucessório e a proteção patrimonial, assegurando a continuidade do grupo ao longo das gerações.

Contextos Econômicos e Culturais

As holdings familiares são uma solução flexível que pode ser adaptada a diferentes contextos econômicos e culturais. A seguir, discutiremos como as holdings familiares se adaptam a alguns desses contextos.

Economias Emergentes

Em economias emergentes, como o Brasil, as holdings familiares desempenham um papel crucial na proteção do patrimônio e na facilitação do crescimento dos negócios familiares. A instabilidade econômica e as altas taxas de inflação são desafios comuns nesses países, e as holdings oferecem uma estrutura que protege os ativos familiares contra a desvalorização e facilita a diversificação dos investimentos.

Economias Desenvolvidas

Nas economias desenvolvidas, as holdings familiares são frequentemente utilizadas para otimizar a gestão patrimonial e facilitar o planejamento sucessório. A legislação tributária nesses países muitas vezes oferece incentivos para a criação de holdings, permitindo uma eficiência fiscal significativa. Além disso, as práticas de governança corporativa são altamente valorizadas, e as holdings familiares proporcionam uma estrutura ideal para implementar essas práticas e garantir a transparência e a responsabilidade na gestão dos negócios familiares.

Contextos Culturais

Em diferentes contextos culturais, as holdings familiares também podem ser adaptadas para atender às necessidades específicas das famílias empresárias. Em culturas onde a família desempenha um papel central na vida empresarial, como em muitos países da Ásia e do Oriente Médio, as holdings familiares são uma ferramenta eficaz para centralizar a gestão dos negócios e proteger o patrimônio. Em culturas onde a sucessão empresarial é um desafio, como em muitas economias ocidentais, as holdings familiares oferecem uma solução estruturada para a transferência de controle entre as gerações.

Considerações Finais

A criação de uma holding familiar é uma decisão estratégica que pode trazer inúmeros benefícios para as famílias empresárias, mas também envolve desafios e riscos que precisam ser cuidadosamente avaliados. A definição clara do conceito e das características das holdings familiares, a compreensão dos diferentes tipos de holdings e a análise da história e evolução dessas estruturas são fundamentais para tomar uma decisão informada.

Os exemplos práticos e a contextualização apresentada neste capítulo demonstram como as holdings familiares podem ser adaptadas a diferentes realidades e necessidades, proporcionando uma estrutura eficaz para a gestão, proteção e sucessão do patrimônio familiar. Nos capítulos seguintes, aprofundaremos esses aspectos, explorando os benefícios, desafios, processos e alternativas à criação de uma holding familiar, oferecendo uma visão completa e detalhada para o leitor.

Com essas informações, esperamos que você, leitor, esteja mais preparado para avaliar se a constituição de uma holding familiar é a decisão certa para proteger e perpetuar o legado de sua família.

Capítulo 2: Benefícios da Holding Familiar

Planejamento Sucessório

O planejamento sucessório é uma das principais razões pelas quais as famílias empresárias optam por constituir uma holding familiar. A sucessão patrimonial e empresarial envolve a transferência de bens, direitos e responsabilidades de uma geração para a próxima, e pode ser um processo complexo e suscetível a conflitos. A holding familiar oferece uma estrutura eficaz para facilitar essa transição, garantindo a continuidade dos negócios e a proteção do patrimônio familiar.

Facilitação da Sucessão Patrimonial

Uma das maiores vantagens de uma holding familiar no contexto de planejamento sucessório é a possibilidade de realizar a doação de quotas ou ações da holding com cláusulas restritivas. Essas cláusulas, que podem incluir inalienabilidade, impenhorabilidade e incomunicabilidade, garantem que os bens doados permaneçam protegidos contra penhora, divisão judicial e partilha em caso de divórcio.

De acordo com o Código Civil Brasileiro (Lei nº 10.406/2002), a doação com reserva de usufruto é um mecanismo comum utilizado pelas famílias empresárias. Nesse arranjo, os pais podem transferir a propriedade das quotas ou ações para os filhos, mantendo o direito de usufruir dos rendimentos gerados por esses ativos durante sua vida. Isso não apenas facilita a transferência de patrimônio, mas também assegura que os pais mantenham controle sobre os rendimentos e a gestão dos ativos.

Planejamento Sucessório Empresarial

Além do planejamento sucessório patrimonial, a holding familiar também facilita a sucessão empresarial. A estrutura de holding permite que a administração e o controle das empresas do grupo sejam centralizados, garantindo uma transição mais suave quando a próxima geração assume a liderança. A criação de um conselho de administração ou de uma diretoria profissional dentro da holding pode ajudar a estabelecer regras claras para a sucessão, prevenindo conflitos e garantindo a continuidade dos negócios.

A legislação brasileira oferece suporte a essas práticas através de instrumentos como o acordo de sócios, que pode incluir cláusulas específicas sobre a sucessão empresarial, definindo critérios e processos para a escolha dos sucessores. A implementação de um acordo de sócios pode evitar disputas e garantir que a transição de poder ocorra de maneira ordenada e planejada.

Proteção de Patrimônio

A proteção do patrimônio é uma preocupação fundamental para muitas famílias empresárias, e a holding familiar oferece vários mecanismos para garantir essa proteção. A constituição de uma holding pode dificultar a penhora dos bens da família, protegendo-os contra credores e outras ameaças.

Segregação de Ativos

Um dos principais mecanismos de proteção patrimonial oferecidos pela holding é a segregação de ativos. Ao concentrar os bens da família em uma única entidade jurídica, é possível separar os ativos de alto risco daqueles de menor risco. Por exemplo, a holding pode deter imóveis e investimentos financeiros, enquanto as atividades empresariais de maior risco são realizadas por empresas operacionais controladas pela holding. Isso minimiza a exposição do patrimônio familiar a riscos empresariais e jurídicos.

Cláusulas Restritivas

Como mencionado anteriormente, a utilização de cláusulas restritivas nas doações de quotas ou ações da holding é uma estratégia eficaz para proteger o patrimônio familiar. Essas cláusulas garantem que os bens doados não possam ser alienados, penhorados ou divididos, proporcionando uma camada adicional de segurança.

Blindagem Patrimonial

Além da segregação de ativos e das cláusulas restritivas, a holding familiar também pode implementar outras estratégias de blindagem patrimonial. Isso pode incluir a criação de fundos patrimoniais, o estabelecimento de trusts e a utilização de contratos de seguro. Esses instrumentos jurídicos e financeiros ajudam a proteger os bens da família contra riscos e a garantir sua preservação a longo prazo. Note que não existe uma verdadeira Blindagem Patrimonial na legislação brasileira. Aqui só é possível uma minimização de riscos ou uma segregação de riscos. Para se ter uma verdadeira blindagem, deve-se utilizar estruturas internacionais, como empresas Offshores ou Trusts. Mas esse assunto deve ser consultado e tratado com um advogado altamente capacitado no assunto e não será abordado nesse livro.

Eficiência Fiscal

A constituição de uma holding familiar pode resultar em significativas economias fiscais, graças à possibilidade de adotar regimes tributários mais vantajosos e utilizar estratégias de planejamento fiscal. A legislação tributária brasileira oferece diversas oportunidades para otimizar a carga tributária através de uma holding.

Distribuição de Dividendos

Uma das principais vantagens fiscais de uma holding familiar é a isenção de imposto de renda sobre os dividendos distribuídos. De acordo com a Lei nº 9.249/1995, os dividendos distribuídos por uma empresa para seus acionistas não estão sujeitos ao imposto de renda. Isso permite que os lucros das empresas operacionais controladas pela holding sejam distribuídos para a holding e, posteriormente, para os membros da família, sem a incidência de imposto de renda.

Compensação de Prejuízos Fiscais

Outra estratégia de eficiência fiscal é a compensação de prejuízos fiscais. A holding familiar pode consolidar os resultados das empresas do grupo, permitindo que os prejuízos fiscais de uma empresa sejam compensados pelos lucros de outra. Isso reduz a base tributável global do grupo familiar e minimiza a carga tributária.

Planejamento Tributário

O planejamento tributário é uma prática essencial para a eficiência fiscal de uma holding familiar. Isso envolve a análise e a implementação de estratégias para reduzir a carga tributária, como a escolha do regime tributário mais vantajoso (lucro real, lucro presumido ou Simples Nacional), a utilização de incentivos fiscais e a reestruturação das operações empresariais. A contratação de consultores tributários especializados é fundamental para garantir que todas as estratégias estejam em conformidade com a legislação vigente.

Redução de Impostos sobre Transmissão

A transmissão de bens e direitos através de uma holding familiar também pode resultar em economia fiscal. A doação de quotas ou ações da holding, por exemplo, pode ser realizada com uma carga tributária reduzida em comparação com a transferência direta de bens. A alíquota do Imposto sobre Transmissão Causa Mortis e Doação (ITCMD) varia de acordo com o estado, mas geralmente é menor para a doação de participações societárias do que para a transferência de imóveis e outros bens.

Gestão Centralizada

A centralização da gestão é uma das principais vantagens de uma holding familiar. Ao concentrar a administração dos bens e negócios da família em uma única entidade, a holding facilita a tomada de decisões e a implementação de estratégias de longo prazo.

Eficiência na Tomada de Decisões

Com a criação de uma holding, a família empresária pode estabelecer uma estrutura de governança centralizada, que inclui a formação de conselhos de administração e diretorias profissionais. Isso permite uma tomada de decisões mais eficiente e informada, com base em uma visão consolidada das operações e dos ativos da família.

Profissionalização da Gestão

A holding familiar também facilita a profissionalização da gestão. Em vez de depender exclusivamente dos membros da família para a administração dos negócios, a holding pode contratar gestores profissionais com experiência e competência para liderar as empresas do grupo. Isso aumenta a eficiência operacional e reduz a dependência de talentos familiares, garantindo uma gestão mais estável e sustentável.

Implementação de Boas Práticas de Governança

A constituição de uma holding familiar permite a implementação de boas práticas de governança corporativa. Isso inclui a criação de conselhos de administração independentes, a adoção de políticas de transparência e responsabilidade, e a implementação de sistemas de controle e auditoria. Essas práticas fortalecem a governança e aumentam a confiança dos stakeholders, incluindo investidores, credores e funcionários.

Coordenação das Atividades Empresariais

A centralização da gestão através de uma holding facilita a coordenação das atividades empresariais das diferentes empresas do grupo. A holding pode definir estratégias corporativas, alocar recursos de forma eficiente e promover sinergias entre as empresas. Isso resulta em economias de escala, maior eficiência operacional e uma melhor utilização dos recursos da família.

Estabilidade e Continuidade

A constituição de uma holding familiar proporciona maior estabilidade e continuidade aos negócios familiares, garantindo que a transição de uma geração para outra ocorra de maneira organizada e eficiente. A holding oferece uma estrutura que protege o patrimônio familiar e assegura a continuidade dos negócios ao longo das gerações.

Prevenção de Conflitos

Uma das principais ameaças à continuidade dos negócios familiares são os conflitos entre os membros da família. A criação de uma holding familiar permite a implementação de mecanismos de governança que ajudam a prevenir esses conflitos. Acordos de sócios, conselhos de administração e políticas de sucessão claras são exemplos de instrumentos que podem ser utilizados para evitar disputas e garantir uma transição suave.

Planejamento de Longo Prazo

A holding familiar permite que a família empresária adote uma abordagem de planejamento de longo prazo. Com uma estrutura centralizada, é possível definir metas e estratégias que visam à perpetuação dos negócios e à proteção do patrimônio ao longo das gerações. Isso inclui a implementação de políticas de reinvestimento dos lucros, a diversificação dos investimentos e a gestão dos riscos.

Sustentabilidade dos Negócios

A sustentabilidade dos negócios familiares é outro benefício importante da constituição de uma holding. A holding permite a implementação de práticas de gestão sustentável, que incluem a responsabilidade social e ambiental, a inovação e a adaptação às mudanças de mercado. Isso aumenta a resiliência dos negócios familiares e garante sua viabilidade a longo prazo.

Sucessão Planejada

A sucessão planejada é um dos principais benefícios da holding familiar. A estrutura de holding facilita a transferência de controle e administração dos negócios para a próxima geração, garantindo que a transição ocorra de maneira ordenada e eficiente. Isso inclui a definição de critérios claros para a escolha dos sucessores, a preparação dos herdeiros para assumir a liderança e a implementação de programas de desenvolvimento de talentos familiares.

Flexibilidade e Adaptação

A flexibilidade e a capacidade de adaptação são características importantes das holdings familiares. Essas estruturas podem ser ajustadas de acordo com as necessidades específicas da família e do mercado, permitindo a implementação de estratégias dinâmicas e a resposta rápida a mudanças legislativas e econômicas.

Adaptação a Mudanças Legislativas

A legislação tributária e societária está em constante evolução, e as holdings familiares oferecem a flexibilidade necessária para se adaptar a essas mudanças. Isso inclui a reestruturação das operações, a modificação dos regimes tributários e a implementação de novas estratégias de planejamento fiscal. A holding pode ajustar sua estrutura e suas práticas para garantir a conformidade e a eficiência fiscal, independentemente das mudanças na legislação.

Resposta a Mudanças de Mercado

As holdings familiares também são capazes de responder rapidamente às mudanças de mercado. Isso inclui a adaptação às novas demandas dos consumidores, a inovação e o desenvolvimento de novos produtos e serviços, e a entrada em novos mercados. A estrutura centralizada da holding facilita a coordenação dessas atividades e permite uma resposta ágil e eficiente às mudanças de mercado.

Flexibilidade na Gestão de Ativos

A holding familiar oferece flexibilidade na gestão dos ativos da família. Isso inclui a possibilidade de diversificar os investimentos, realocar recursos de acordo com as necessidades e oportunidades, e implementar estratégias de proteção patrimonial. A holding pode ajustar sua carteira de investimentos e suas práticas de gestão para maximizar os retornos e minimizar os riscos, garantindo a proteção e a sustentabilidade do patrimônio familiar.

Estratégias de Crescimento

A flexibilidade da holding familiar também permite a implementação de estratégias de crescimento. Isso inclui a aquisição de novas empresas, a expansão internacional e a formação de parcerias estratégicas. A holding pode coordenar e financiar essas iniciativas, promovendo o crescimento e a diversificação dos negócios familiares.

Considerações Finais

A constituição de uma holding familiar oferece uma série de benefícios significativos para as famílias empresárias, incluindo a facilitação do planejamento sucessório, a proteção do patrimônio, a eficiência fiscal, a gestão centralizada, a estabilidade e continuidade dos negócios e a flexibilidade e adaptação a mudanças legislativas e de mercado. No entanto, é importante considerar que a criação de uma holding também envolve desafios e riscos que precisam ser cuidadosamente avaliados.

Nos capítulos seguintes, exploraremos esses desafios e riscos, além de fornecer um guia detalhado para a criação de uma holding familiar e discutir alternativas a essa estrutura. Esperamos que essas informações ajudem você, leitor, a tomar decisões informadas sobre a constituição de uma holding familiar e a proteção e perpetuação do legado de sua família.

Capítulo 3: Desafios e Riscos

Complexidade Jurídica

A constituição e a manutenção de uma holding familiar envolvem uma série de complexidades jurídicas que precisam ser cuidadosamente gerenciadas para garantir a conformidade com a legislação vigente e a eficiência da estrutura. Esses aspectos legais e burocráticos exigem um planejamento detalhado e a contratação de profissionais qualificados, como advogados especializados em direito societário e contadores experientes em planejamento fiscal.

Aspectos Legais na Constituição da Holding

A criação de uma holding familiar começa com a escolha da forma jurídica adequada, que pode ser uma sociedade limitada (Ltda) ou uma sociedade anônima (S/A). Cada uma dessas formas jurídicas possui requisitos específicos e implicações legais que devem ser considerados.

Sociedade Limitada (Ltda): A constituição de uma sociedade limitada envolve a elaboração de um contrato social, que deve ser registrado na Junta Comercial do estado onde a holding será sediada. O contrato social deve incluir informações detalhadas sobre os sócios, o capital social, a administração e as atividades da holding. Além disso, a sociedade limitada está sujeita ao Código Civil Brasileiro (Lei nº 10.406/2002).

Sociedade Anônima (S/A): A constituição de uma sociedade anônima é mais complexa e envolve a elaboração de um estatuto social, que também deve ser registrado na Junta Comercial. A S/A está sujeita à Lei das S/A (Lei nº 6.404/1976) e exige a realização de assembleias gerais de acionistas, a publicação de demonstrações financeiras e o cumprimento de diversas obrigações regulatórias.

Registros e Licenças

Além do registro na Junta Comercial, a holding familiar pode precisar obter outros registros e licenças, dependendo de suas atividades e da legislação local. Isso pode incluir registros no Cadastro Nacional da Pessoa Jurídica (CNPJ), inscrições estaduais e municipais, e licenças específicas para a realização de determinadas atividades econômicas.

Obrigações Contábeis e Fiscais

A manutenção de uma holding familiar exige o cumprimento de várias obrigações contábeis e fiscais. Isso inclui a elaboração e a apresentação de demonstrações financeiras anuais, a manutenção de livros contábeis e fiscais, e o pagamento de impostos e contribuições sociais. As holdings familiares devem seguir as normas contábeis brasileiras, que estão em conformidade com as Normas Internacionais de Contabilidade (IFRS).

Conformidade com a Legislação Trabalhista

Se a holding familiar possui empregados, ela deve cumprir a legislação trabalhista brasileira, incluindo o registro dos empregados, o pagamento de salários e benefícios, e o cumprimento das normas de segurança e saúde no trabalho. A não conformidade com a legislação trabalhista pode resultar em multas e outras penalidades.

Custos de Implementação e Manutenção

A criação e a manutenção de uma holding familiar envolvem custos significativos, que precisam ser cuidadosamente analisados e planejados para garantir a viabilidade econômica da estrutura.

Custos de Implementação

Os custos iniciais de implementação de uma holding familiar incluem honorários de advogados e consultores, taxas de registro, e despesas com a elaboração de documentos jurídicos e contábeis.

Honorários de Advogados e Consultores: A contratação de advogados especializados em direito societário e de consultores em planejamento patrimonial é essencial para garantir que a constituição da holding seja realizada de maneira correta e eficiente. Os honorários desses profissionais podem variar significativamente, dependendo da complexidade do projeto e da experiência dos profissionais contratados.

Taxas de Registro: As taxas de registro na Junta Comercial e em outros órgãos públicos também representam um custo inicial significativo. Essas taxas variam de acordo com o estado e a natureza da atividade econômica da holding.

Elaboração de Documentos: A elaboração de contratos sociais, estatutos, acordos de sócios e outros documentos jurídicos e contábeis é uma parte importante do processo de constituição da holding. Esses documentos precisam ser elaborados com precisão e atenção aos detalhes para garantir a conformidade com a legislação e a proteção dos interesses da família.

Custos de Manutenção

Os custos de manutenção de uma holding familiar incluem despesas contínuas com contabilidade, auditoria, compliance e governança.

Contabilidade e Auditoria: A manutenção de registros contábeis precisos e a realização de auditorias periódicas são essenciais para garantir a transparência e a conformidade com a legislação. Os honorários de contadores e auditores podem representar uma parte significativa dos custos de manutenção.

Compliance: A conformidade com as obrigações regulatórias, fiscais e trabalhistas exige a implementação de sistemas e processos de compliance. Isso pode incluir a contratação de profissionais especializados, a utilização de softwares de gestão e a realização de treinamentos periódicos.

Governança: A implementação de boas práticas de governança corporativa, como a criação de conselhos de administração e a realização de reuniões regulares de sócios ou acionistas, também envolve custos. Esses custos são necessários para garantir uma gestão eficiente e transparente da holding.

Conflitos Familiares

Os conflitos familiares são um dos principais desafios na gestão de uma holding familiar. As diferenças de opinião e interesses entre os membros da família podem levar a disputas que afetam a harmonia e a eficiência da administração dos negócios.

Causas Comuns de Conflitos

Existem várias causas comuns de conflitos familiares em holdings, incluindo:

Distribuição de Poder e Controle: A divisão do poder e do controle sobre a holding pode ser uma fonte significativa de conflitos. Membros da família podem ter opiniões divergentes sobre quem deve tomar decisões importantes e como essas decisões devem ser implementadas.

Distribuição de Lucros: A distribuição de lucros e dividendos pode causar tensões entre os membros da família, especialmente se alguns membros sentirem que estão recebendo uma parte injusta dos rendimentos.

Sucessão: A escolha de sucessores para posições de liderança na holding pode ser uma fonte de conflitos. Disputas sobre quem deve assumir o controle dos negócios podem resultar em divisões dentro da família.

Estratégias para Evitar Conflitos

Para evitar conflitos familiares, é essencial implementar mecanismos de governança e estabelecer regras claras para a administração da holding.

Acordos de Sócios: A elaboração de acordos de sócios pode ajudar a definir as regras para a administração da holding, a distribuição de lucros e a sucessão. Esses acordos devem ser elaborados com a participação de todos os membros da família e com o apoio de consultores especializados.

Conselhos de Família: A criação de conselhos de família pode proporcionar um fórum para a discussão e a resolução de questões familiares. Esses conselhos podem incluir membros da família e profissionais externos, que podem oferecer uma perspectiva imparcial.

Mediação e Arbitragem: A utilização de mecanismos de mediação e arbitragem pode ajudar a resolver conflitos de maneira rápida e eficiente. A mediação envolve a participação de um mediador imparcial, enquanto a arbitragem permite que um árbitro tome uma decisão vinculativa.

Treinamento e Desenvolvimento: Investir no treinamento e no desenvolvimento dos membros da família pode ajudar a preparar os sucessores para assumir posições de liderança e a promover uma cultura de colaboração e respeito mútuo.

Riscos Fiscais

A constituição e a operação de uma holding familiar envolvem vários riscos fiscais que precisam ser cuidadosamente gerenciados para evitar penalidades e garantir a eficiência fiscal.

Reclassificação de Operações pela Receita Federal

A Receita Federal do Brasil pode reclassificar operações realizadas pela holding, resultando em ajustes fiscais e a aplicação de multas. Isso pode ocorrer se a Receita entender que determinadas operações foram realizadas com o objetivo de reduzir a carga tributária de maneira inadequada.

Multas e Penalidades por Descumprimento de Obrigações Tributárias

A não conformidade com as obrigações tributárias, como a apresentação de declarações e o pagamento de impostos, pode resultar em multas e penalidades significativas. É essencial manter um controle rigoroso das obrigações fiscais e garantir que todas as declarações sejam apresentadas dentro dos prazos estabelecidos.

Alterações Legislativas

As mudanças na legislação tributária podem impactar a estrutura e as operações da holding familiar. É importante acompanhar as alterações na legislação e ajustar as estratégias fiscais conforme necessário para garantir a conformidade e a eficiência.

Estratégias para Gerenciamento de Riscos Fiscais

Para gerenciar os riscos fiscais, a holding familiar deve implementar uma série de estratégias, incluindo:

Contratação de Consultores Tributários: A contratação de consultores tributários especializados pode ajudar a garantir que a holding esteja em conformidade com a legislação e a identificar oportunidades para otimização fiscal.

Monitoramento Contínuo: A implementação de sistemas de monitoramento contínuo das obrigações fiscais e a realização de auditorias periódicas podem ajudar a identificar e corrigir problemas antes que eles se tornem críticos.

Planejamento Tributário Estratégico: O planejamento tributário estratégico envolve a análise das operações da holding e a implementação de estratégias para minimizar a carga tributária de maneira legal e eficiente.

Desafios Operacionais

A administração de uma holding familiar envolve vários desafios operacionais que precisam ser gerenciados para garantir a eficiência e a sustentabilidade dos negócios.

Coordenação de Atividades Empresariais

A holding familiar geralmente controla várias empresas operacionais, cada uma com suas próprias atividades e operações. A coordenação dessas atividades pode ser um desafio, especialmente se as empresas operam em setores diferentes ou em localidades distintas.

Implementação de Sistemas de Gestão

A implementação de sistemas de gestão eficazes é essencial para garantir a eficiência operacional da holding. Isso inclui a adoção de softwares de gestão empresarial, a definição de processos e procedimentos claros, e a realização de treinamentos para os funcionários.

Gestão de Talentos

A gestão de talentos é um desafio crítico para qualquer organização, e as holdings familiares não são exceção. A contratação, o desenvolvimento e a retenção de talentos são essenciais para garantir uma gestão eficiente e a continuidade dos negócios.

Integração de Novas Empresas

A aquisição de novas empresas e a integração dessas operações na estrutura da holding podem ser desafiadoras. É necessário planejar cuidadosamente a integração para garantir que as novas empresas estejam alinhadas com as estratégias e os objetivos da holding.

Estratégias para Superar Desafios Operacionais

Para superar os desafios operacionais, a holding familiar deve implementar uma série de estratégias, incluindo:

Planejamento Estratégico: O planejamento estratégico envolve a definição de metas e objetivos claros para a holding e suas empresas controladas, além da elaboração de planos de ação para alcançar essas metas.

Sistemas de Controle e Auditoria: A implementação de sistemas de controle e auditoria pode ajudar a garantir a eficiência operacional e a identificar problemas antes que eles afetem a performance da holding.

Desenvolvimento de Liderança: Investir no desenvolvimento de liderança pode ajudar a preparar os membros da família e os gestores para assumir posições de liderança e enfrentar os desafios operacionais de maneira eficaz.

Cenários Adversos

A holding familiar deve estar preparada para enfrentar cenários econômicos adversos e crises financeiras. A capacidade de adaptação e resiliência é essencial para garantir a sustentabilidade dos negócios em tempos de incerteza.

Crises Econômicas

As crises econômicas podem ter um impacto significativo nas operações da holding e de suas empresas controladas. A queda na demanda, a volatilidade dos mercados financeiros e as dificuldades de acesso ao crédito são alguns dos desafios que podem surgir durante uma crise econômica.

Mudanças Legislativas e Regulatórias

As mudanças na legislação e nos regulamentos podem criar incertezas e desafios para a holding. É importante acompanhar as mudanças e ajustar as estratégias conforme necessário para garantir a conformidade e a eficiência.

Desastres Naturais e Pandemias

Desastres naturais e pandemias podem afetar as operações da holding e de suas empresas controladas. A interrupção das cadeias de suprimentos, a redução da força de trabalho e as restrições de mobilidade são alguns dos desafios que podem surgir em situações de crise.

Estratégias para Enfrentar Cenários Adversos

Para enfrentar cenários adversos, a holding familiar deve implementar uma série de estratégias de gestão de riscos e resiliência, incluindo:

Diversificação de Investimentos: A diversificação dos investimentos pode ajudar a reduzir a exposição a riscos específicos e a garantir a sustentabilidade dos negócios em tempos de incerteza.

Planejamento de Contingência: O planejamento de contingência envolve a elaboração de planos de ação para enfrentar diferentes cenários adversos. Isso inclui a definição de procedimentos para a continuidade dos negócios, a gestão de crises e a recuperação de desastres.

Gestão de Riscos: A gestão de riscos envolve a identificação, a avaliação e a mitigação dos riscos que podem afetar a holding e suas empresas controladas. A implementação de sistemas de gestão de riscos pode ajudar a antecipar e a responder a desafios de maneira eficaz.

Fundo de Reserva: A criação de um fundo de reserva pode proporcionar liquidez e flexibilidade financeira em tempos de crise. Esse fundo pode ser utilizado para cobrir despesas operacionais, financiar a recuperação de desastres e garantir a continuidade dos negócios.

Considerações Finais

A constituição e a operação de uma holding familiar oferecem uma série de benefícios significativos, mas também envolvem desafios e riscos que precisam ser cuidadosamente gerenciados. A compreensão desses desafios e a implementação de estratégias eficazes de gestão são essenciais para garantir a viabilidade e a sustentabilidade da holding.

Nos capítulos seguintes, continuaremos a explorar as estratégias de gestão de uma holding familiar, fornecendo orientações detalhadas sobre como criar e administrar essa estrutura de maneira eficiente e eficaz. Esperamos que essas informações ajudem você, leitor, a tomar decisões informadas sobre a constituição e a operação de uma holding familiar e a proteger e perpetuar o legado de sua família.

Capítulo 4: Quem Deve Considerar uma Holding Familiar?

Perfil Ideal

A constituição de uma holding familiar pode ser uma excelente estratégia para muitas famílias e empresas, mas não é uma solução universal. É importante entender o perfil ideal de famílias e empresas que podem se beneficiar mais significativamente dessa estrutura.

Famílias com Patrimônio Significativo

Famílias que possuem um patrimônio significativo, incluindo imóveis, investimentos financeiros, empresas operacionais e outros ativos valiosos, são candidatas ideais para a criação de uma holding familiar. A centralização desses ativos em uma holding facilita a gestão, a proteção e a sucessão patrimonial.

Empresas Familiares em Crescimento

Empresas familiares que estão em fase de crescimento e expansão podem se beneficiar da constituição de uma holding. A holding permite uma gestão mais estruturada e profissionalizada, essencial para lidar com os desafios e as oportunidades que surgem durante a expansão dos negócios.

Famílias com Diversificação de Negócios

Famílias que possuem investimentos diversificados em diferentes setores da economia podem usar a holding para centralizar a gestão dessas participações. Isso facilita a coordenação das atividades empresariais e a implementação de estratégias de longo prazo, além de proporcionar uma visão consolidada do desempenho dos negócios.

Necessidade de Planejamento Sucessório

Famílias que desejam assegurar uma transição suave e ordenada do controle e da administração dos negócios para a próxima geração devem considerar a constituição de uma holding. A estrutura da holding facilita o planejamento sucessório, permitindo a implementação de mecanismos que protegem o patrimônio e evitam conflitos familiares.

Busca por Eficiência Fiscal

Empresas e famílias que buscam otimizar sua carga tributária podem se beneficiar das vantagens fiscais oferecidas por uma holding familiar. A estrutura permite a adoção de estratégias de planejamento fiscal que podem resultar em economias significativas, especialmente no que diz respeito à distribuição de dividendos e à compensação de prejuízos fiscais.

Critérios de Avaliação

Para determinar se a constituição de uma holding familiar é a melhor opção, é necessário avaliar uma série de critérios que consideram tanto os aspectos econômicos quanto os jurídicos e operacionais.

Análise Patrimonial

O primeiro passo é realizar uma análise detalhada do patrimônio da família. Isso inclui a avaliação de todos os ativos, como imóveis, investimentos financeiros, empresas operacionais, propriedades rurais e outros bens valiosos. A centralização desses ativos em uma holding pode facilitar sua gestão e proteção.

Complexidade da Estrutura Empresarial

A complexidade da estrutura empresarial atual da família é um critério importante. Famílias que possuem múltiplas empresas operacionais ou participações societárias em diferentes setores podem se beneficiar da constituição de uma holding, que permite uma gestão centralizada e coordenada dessas participações.

Objetivos de Longo Prazo

Os objetivos de longo prazo da família devem ser considerados. Se o objetivo é assegurar a continuidade dos negócios ao longo das gerações, proteger o patrimônio contra riscos e otimizar a eficiência fiscal, a constituição de uma holding pode ser a melhor opção. É importante alinhar a estrutura da holding com os objetivos estratégicos da família.

Capacidade de Gestão

A capacidade de gestão da família também é um critério relevante. A constituição de uma holding familiar exige uma gestão profissionalizada e estruturada. Famílias que já possuem ou estão dispostas a contratar gestores profissionais podem se beneficiar mais dessa estrutura.

Custos de Implementação e Manutenção

Os custos envolvidos na criação e manutenção de uma holding devem ser cuidadosamente avaliados. Isso inclui honorários de advogados e consultores, taxas de registro, custos contábeis e de auditoria, e despesas operacionais contínuas. É necessário garantir que os benefícios da holding superem os custos envolvidos.

Riscos Fiscais e Jurídicos

A avaliação dos riscos fiscais e jurídicos é essencial. A constituição de uma holding deve estar em conformidade com a legislação vigente, e é importante considerar os possíveis riscos de reclassificação de operações pela Receita Federal e outras contingências fiscais.

Estudos de Caso

Para ilustrar como a constituição de uma holding familiar pode beneficiar diferentes perfis de famílias e empresas, apresentamos alguns estudos de caso de sucesso.

Estudo de Caso 1: Família Silva - Empresa de Construção

A família Silva possui uma empresa de construção civil que está em expansão e diversos imóveis de alto valor. A família decidiu constituir uma holding familiar para centralizar a gestão dos imóveis e das participações societárias na empresa de construção. Com a criação da holding, a família conseguiu:

Implementar um planejamento sucessório eficiente, transferindo quotas da holding para os filhos com cláusulas restritivas.

Proteger o patrimônio contra penhora e disputas judiciais, utilizando a holding para segregar os ativos de risco.

Otimizar a carga tributária, beneficiando-se da isenção de imposto de renda sobre os dividendos distribuídos.

Centralizar a gestão dos negócios, permitindo uma tomada de decisões mais eficiente e coordenada.

Estudo de Caso 2: Família Pereira - Agronegócio

A família Pereira possui uma grande propriedade rural e várias empresas no setor de agronegócio. A constituição de uma holding familiar permitiu que a família:

Estruturasse um plano de sucessão claro e ordenado, garantindo a continuidade dos negócios ao longo das gerações.

Protegesse os ativos rurais e empresariais, dificultando a penhora por credores.

Implementasse boas práticas de governança, criando um conselho de administração com membros da família e profissionais externos.

Coordenasse as atividades das diferentes empresas de agronegócio, promovendo sinergias e economias de escala.

Estudo de Caso 3: Família Souza - Investimentos Diversificados

A família Souza possui investimentos diversificados em vários setores, incluindo ações, imóveis comerciais e empresas de tecnologia. A criação de uma holding familiar ajudou a família a:

Centralizar a gestão dos investimentos, proporcionando uma visão consolidada do desempenho dos ativos.

Implementar estratégias de diversificação e proteção patrimonial, utilizando a holding para segregar os investimentos de maior risco.

Facilitar o planejamento sucessório, transferindo participações societárias para os filhos com vantagens fiscais.

Reduzir a carga tributária, aproveitando os benefícios fiscais relacionados à distribuição de dividendos e à compensação de prejuízos fiscais.

Análise de Cenários

Para avaliar se a constituição de uma holding familiar é recomendada ou não, é importante analisar diferentes cenários que consideram as características específicas de cada família e empresa.

Cenário 1: Pequena Empresa Familiar

Uma pequena empresa familiar que possui poucos ativos e uma estrutura simples pode não se beneficiar significativamente da constituição de uma holding. Os custos de implementação e manutenção podem ser elevados em relação aos benefícios fiscais e de proteção patrimonial. Nesse caso, pode ser mais eficiente adotar outras estratégias de planejamento sucessório e proteção patrimonial, como a utilização de seguros e a elaboração de testamentos.

Cenário 2: Família com Patrimônio Diversificado

Famílias com um patrimônio diversificado, incluindo imóveis, investimentos financeiros e participações em várias empresas, podem se beneficiar da constituição de uma holding. A centralização da gestão e a implementação de boas práticas de governança ajudam a proteger e otimizar o patrimônio, além de facilitar o planejamento sucessório.

Cenário 3: Empresa em Expansão

Empresas familiares em fase de crescimento e expansão podem encontrar na holding uma estrutura eficiente para lidar com os desafios da expansão. A holding permite uma gestão centralizada e profissionalizada, essencial para enfrentar os desafios operacionais e estratégicos da expansão dos negócios.

Cenário 4: Família com Conflitos Internos

Famílias que enfrentam conflitos internos podem se beneficiar da constituição de uma holding, desde que implementem mecanismos de governança que ajudem a resolver esses conflitos. A criação de conselhos de família, acordos de sócios e a utilização de mediação e arbitragem são estratégias que podem ajudar a prevenir e resolver disputas, garantindo a harmonia e a eficiência na gestão dos negócios.

Cenário 5: Mudanças na Legislação Tributária

Em cenários onde ocorrem mudanças significativas na legislação tributária, a holding familiar pode proporcionar a flexibilidade necessária para se adaptar a essas mudanças. A estrutura permite ajustar as estratégias de planejamento fiscal e garantir a conformidade com a nova legislação, minimizando os impactos negativos sobre o patrimônio e os negócios da família.

Considerações Finais

A decisão de constituir uma holding familiar deve ser cuidadosamente avaliada, considerando os benefícios e desafios específicos de cada família e empresa. A análise do perfil ideal, dos critérios de avaliação, dos estudos de caso e dos diferentes cenários ajuda a fornecer uma visão abrangente sobre quando e como a constituição de uma holding pode ser a melhor opção.

Nos capítulos seguintes, continuaremos a explorar as estratégias de criação e gestão de uma holding familiar, fornecendo orientações detalhadas para garantir a eficiência e a sustentabilidade dessa estrutura. Esperamos que essas informações ajudem você, leitor, a tomar decisões informadas sobre a constituição de uma holding familiar e a proteger e perpetuar o legado de sua família.

Capítulo 5: Passo a Passo para Criar uma Holding Familiar

Planejamento Inicial

A criação de uma holding familiar é um processo complexo que exige um planejamento inicial detalhado e estratégico. Antes de iniciar a constituição formal da holding, é fundamental realizar uma avaliação completa do patrimônio da família, dos objetivos de longo prazo e dos possíveis desafios que podem surgir.

Avaliação Patrimonial

O primeiro passo no planejamento inicial é a avaliação do patrimônio da família. Isso envolve a identificação e a avaliação de todos os ativos, incluindo imóveis, participações societárias, investimentos financeiros, propriedades rurais e outros bens valiosos. Essa avaliação deve ser realizada de forma detalhada para garantir que todos os ativos sejam considerados na estrutura da holding.

Definição de Objetivos

A definição clara dos objetivos da família é essencial para orientar o processo de criação da holding. Esses objetivos podem incluir a proteção do patrimônio, o planejamento sucessório, a otimização fiscal, a profissionalização da gestão e a continuidade dos negócios ao longo das gerações. A definição de objetivos ajuda a alinhar as expectativas da família e a garantir que a estrutura da holding atenda às suas necessidades específicas.

Análise de Viabilidade

A análise de viabilidade é um passo crucial no planejamento inicial. Isso envolve a avaliação dos custos e benefícios da constituição da holding, considerando tanto os aspectos financeiros quanto os jurídicos e operacionais. A análise de viabilidade deve incluir uma estimativa dos custos de implementação e manutenção, bem como uma avaliação dos possíveis benefícios fiscais e de proteção patrimonial.

Estratégia de Implementação

Com base na avaliação patrimonial, na definição de objetivos e na análise de viabilidade, a família deve desenvolver uma estratégia de implementação para a criação da holding. Essa estratégia deve incluir um plano detalhado das etapas do processo, os prazos para cada etapa e os recursos necessários. A estratégia de implementação ajuda a garantir que o processo de criação da holding ocorra de maneira organizada e eficiente.

Consultoria Especializada

A contratação de profissionais qualificados é essencial para a criação de uma holding familiar bem-sucedida. A complexidade jurídica e fiscal envolvida no processo exige a expertise de advogados, contadores e consultores especializados em planejamento patrimonial e empresarial.

Advogados Especializados

Os advogados especializados em direito societário e planejamento patrimonial desempenham um papel crucial na criação da holding. Eles são responsáveis pela elaboração dos documentos jurídicos, pela conformidade com a legislação vigente e pela assessoria em questões legais complexas. A contratação de advogados experientes ajuda a garantir que a estrutura da holding seja legalmente robusta e proteja os interesses da família.

Contadores e Consultores Fiscais

Os contadores e consultores fiscais são essenciais para a análise financeira e a otimização fiscal da holding. Eles são responsáveis pela avaliação do patrimônio, pela elaboração das demonstrações financeiras e pelo planejamento tributário. A contratação de contadores e consultores fiscais especializados garante que a holding aproveite ao máximo os benefícios fiscais disponíveis e mantenha a conformidade com as obrigações fiscais.

Consultores de Governança e Gestão

A implementação de boas práticas de governança e gestão é fundamental para o sucesso da holding. Os consultores de governança e gestão ajudam a estruturar os mecanismos de controle, a criar conselhos de administração e a desenvolver políticas de transparência e responsabilidade. A contratação desses consultores ajuda a garantir uma gestão eficiente e sustentável da holding.

Estruturação da Holding

A estruturação da holding envolve uma série de passos legais e administrativos que devem ser seguidos para garantir a conformidade com a legislação e a eficiência da estrutura.

Escolha da Forma Jurídica

O primeiro passo na estruturação da holding é a escolha da forma jurídica adequada. A holding pode ser constituída como uma sociedade limitada (Ltda) ou uma sociedade anônima (S/A). Cada uma dessas formas jurídicas possui requisitos específicos e implicações legais que devem ser considerados.

Sociedade Limitada (Ltda): A sociedade limitada é uma forma jurídica comum para holdings familiares, pois oferece flexibilidade na administração e na distribuição de lucros. A constituição de uma Ltda envolve a elaboração de um contrato social, que deve ser registrado na Junta Comercial.

Sociedade Anônima (S/A): A sociedade anônima é mais complexa e exige a elaboração de um estatuto social, que também deve ser registrado na Junta Comercial. A S/A está sujeita à Lei das S/A (Lei nº 6.404/1976) e exige a realização de assembleias gerais de acionistas e a publicação de demonstrações financeiras.

Elaboração dos Documentos Jurídicos

A elaboração dos documentos jurídicos é uma etapa crucial na estruturação da holding. Esses documentos incluem o contrato social ou estatuto social, os acordos de sócios e outros documentos necessários para a constituição da holding.

Contrato Social: O contrato social é o documento que estabelece as regras e os procedimentos para a administração da holding, incluindo a definição dos sócios, o capital social, a distribuição de lucros e a sucessão. O contrato social deve ser elaborado com precisão e registrado na Junta Comercial.

Estatuto Social: O estatuto social é o documento que regulamenta a administração de uma sociedade anônima. Ele deve incluir informações detalhadas sobre a estrutura administrativa, a realização de assembleias, a distribuição de dividendos e outros aspectos essenciais. O estatuto social também deve ser registrado na Junta Comercial.

Acordos de Sócios: Os acordos de sócios são documentos que estabelecem as regras para a relação entre os sócios da holding, incluindo a compra e venda de quotas ou ações, a sucessão e a resolução de conflitos. Esses acordos ajudam a prevenir disputas e a garantir a harmonia entre os sócios.

Capital Social e Participações Societárias

A definição do capital social e das participações societárias é uma etapa importante na estruturação da holding. O capital social representa o investimento inicial dos sócios na holding e deve ser definido de acordo com as necessidades e os objetivos da família.

Capital Social: O capital social pode ser composto por dinheiro, imóveis, participações em outras empresas e outros ativos. A definição do capital social deve levar em consideração a avaliação patrimonial e a estratégia de implementação da holding.

Participações Societárias: As participações societárias representam a proporção do capital social detida por cada sócio. A definição das participações societárias deve refletir a contribuição de cada sócio para o capital social e os objetivos de longo prazo da família.

Gestão e Governança

A implementação de boas práticas de governança e gestão é essencial para o sucesso e a sustentabilidade da holding familiar. A governança corporativa ajuda a garantir a transparência, a responsabilidade e a eficiência na administração dos negócios.

Conselho de Administração

A criação de um conselho de administração é uma prática recomendada para a gestão de holdings familiares. O conselho de administração é responsável pela supervisão das atividades da holding e pela tomada de decisões estratégicas. Ele pode incluir membros da família e profissionais externos, que trazem uma perspectiva imparcial e expertise adicional.

Políticas de Transparência e Responsabilidade

A adoção de políticas de transparência e responsabilidade é fundamental para a governança da holding. Essas políticas incluem a divulgação de informações financeiras, a realização de auditorias internas e externas e a implementação de sistemas de controle e compliance. A transparência ajuda a construir confiança entre os sócios e a garantir a conformidade com as obrigações legais e regulatórias.

Gestão de Riscos

A gestão de riscos é uma prática essencial para a sustentabilidade da holding. Isso envolve a identificação, a avaliação e a mitigação dos riscos que podem afetar os negócios. A implementação de sistemas de gestão de riscos ajuda a antecipar problemas e a responder de maneira eficaz a crises e desafios.

Planejamento Sucessório

O planejamento sucessório é uma parte integral da governança da holding. Isso envolve a definição de critérios e processos para a escolha dos sucessores, a preparação dos herdeiros para assumir posições de liderança e a implementação de mecanismos para garantir uma transição suave e ordenada. O planejamento sucessório ajuda a garantir a continuidade dos negócios e a proteger o patrimônio ao longo das gerações.

Documentação Necessária

A constituição de uma holding familiar exige a elaboração e o registro de uma série de documentos jurídicos e administrativos. Esses documentos são essenciais para garantir a conformidade com a legislação e a proteção dos interesses da família.

Contrato Social ou Estatuto Social

O contrato social (para sociedades limitadas) ou o estatuto social (para sociedades anônimas) é o documento fundamental que estabelece as regras e os procedimentos para a administração da holding. Ele deve incluir informações detalhadas sobre os sócios, o capital social, a administração, a distribuição de lucros e a sucessão.

Acordos de Sócios

Os acordos de sócios são documentos que estabelecem as regras para a relação entre os sócios da holding. Eles podem incluir cláusulas sobre a compra e venda de quotas ou ações, a sucessão, a resolução de conflitos e outras questões importantes. Os acordos de sócios ajudam a prevenir disputas e a garantir a harmonia entre os sócios.

Procurações e Mandatos

As procurações e mandatos são documentos que delegam poderes a representantes legais para atuar em nome da holding. Eles podem ser necessários para a realização de atos administrativos, como a assinatura de contratos, a representação em assembleias e a realização de operações financeiras.

Registros e Licenças

Além dos documentos internos, a constituição da holding pode exigir a obtenção de registros e licenças junto a órgãos públicos. Isso inclui o registro na Junta Comercial, a obtenção do Cadastro Nacional da Pessoa Jurídica (CNPJ), inscrições estaduais e municipais, e licenças específicas para a realização de determinadas atividades econômicas.

Processo de Registro

O processo de registro e formalização da holding envolve uma série de procedimentos administrativos que devem ser seguidos para garantir a conformidade com a legislação.

Registro na Junta Comercial

O registro na Junta Comercial é o primeiro passo formal na constituição da holding. O contrato social ou estatuto social deve ser apresentado à Junta Comercial do estado onde a holding será sediada. Após a aprovação do registro, a holding recebe seu número de identificação no Cadastro Nacional da Pessoa Jurídica (CNPJ).

Obtenção do CNPJ

A obtenção do CNPJ é um passo crucial para a formalização da holding. O CNPJ é necessário para a realização de atividades econômicas, a abertura de contas bancárias, a emissão de notas fiscais e o cumprimento das obrigações fiscais. A inscrição no CNPJ é realizada junto à Receita Federal do Brasil.

Inscrições Estaduais e Municipais

Dependendo das atividades da holding, pode ser necessário obter inscrições estaduais e municipais. Essas inscrições são exigidas para a realização de determinadas atividades econômicas e para o pagamento de impostos estaduais e municipais.

Licenças Específicas

Se a holding realizar atividades sujeitas a licenciamento, será necessário obter as licenças específicas junto aos órgãos reguladores competentes. Isso pode incluir licenças ambientais, sanitárias, de segurança e outras, dependendo da natureza das atividades da holding.

Implementação de Estruturas de Controle

A criação de mecanismos de controle e auditoria é essencial para garantir a eficiência e a transparência na gestão da holding.

Sistemas de Controle Interno

A implementação de sistemas de controle interno ajuda a garantir a conformidade com as políticas e procedimentos da holding. Isso inclui a definição de responsabilidades e autorizações, a implementação de processos de revisão e aprovação, e a realização de auditorias internas regulares.

Auditorias Externas

A realização de auditorias externas por empresas independentes é uma prática recomendada para garantir a transparência e a confiança dos stakeholders. As auditorias externas avaliam a conformidade financeira e operacional da holding, identificando possíveis problemas e recomendando melhorias.

Conselhos de Auditoria

A criação de conselhos de auditoria é uma prática de governança que ajuda a supervisionar as atividades de controle e auditoria da holding. Os conselhos de auditoria podem incluir membros da família e profissionais externos, que trazem uma perspectiva imparcial e expertise adicional.

Relatórios de Conformidade

A elaboração de relatórios de conformidade é uma prática essencial para garantir a transparência e a responsabilidade na gestão da holding. Esses relatórios incluem informações sobre o cumprimento das obrigações legais e regulatórias, a gestão de riscos e a implementação de políticas de governança.

Manutenção e Compliance

A manutenção contínua da holding e o cumprimento das obrigações legais são essenciais para garantir a sustentabilidade e a eficiência da estrutura.

Obrigações Contábeis e Fiscais

A holding deve cumprir uma série de obrigações contábeis e fiscais, incluindo a elaboração e a apresentação de demonstrações financeiras anuais, a manutenção de livros contábeis e fiscais, e o pagamento de impostos e contribuições sociais. É essencial manter um controle rigoroso dessas obrigações para evitar multas e penalidades.

Compliance Legal

O compliance legal envolve a conformidade com todas as leis e regulamentos aplicáveis à holding. Isso inclui a legislação societária, tributária, trabalhista e ambiental. A implementação de um programa de compliance ajuda a garantir que a holding cumpra todas as suas obrigações legais e minimize os riscos de penalidades.

Atualização de Documentos

A manutenção contínua da holding envolve a atualização regular dos documentos jurídicos e administrativos. Isso inclui a revisão e a atualização do contrato social, dos acordos de sócios e de outros documentos essenciais, conforme necessário. As mudanças na estrutura da holding, como a entrada ou saída de sócios, também devem ser formalizadas e registradas.

Treinamento e Desenvolvimento

Investir no treinamento e no desenvolvimento dos membros da família e dos gestores é essencial para garantir a eficiência e a sustentabilidade da holding. Isso inclui a realização de programas de desenvolvimento de liderança, a participação em cursos e workshops, e a promoção de uma cultura de aprendizado contínuo.

Monitoramento e Avaliação

O monitoramento contínuo das atividades da holding e a avaliação regular de seu desempenho são práticas essenciais para garantir a eficiência e a sustentabilidade da estrutura. Isso envolve a implementação de indicadores de desempenho, a realização de avaliações periódicas e a identificação de áreas de melhoria.

Considerações Finais

A criação de uma holding familiar é um processo complexo que exige um planejamento detalhado, a contratação de profissionais qualificados e a implementação de boas práticas de governança e gestão. Seguindo os passos descritos neste capítulo, é possível constituir uma holding que proteja o patrimônio da família, facilite o planejamento sucessório, otimize a eficiência fiscal e garanta a continuidade dos negócios ao longo das gerações.

Nos capítulos seguintes, continuaremos a explorar as estratégias de gestão e manutenção de uma holding familiar, fornecendo orientações detalhadas para garantir a eficiência e a sustentabilidade dessa estrutura. Esperamos que essas informações ajudem você, leitor, a tomar decisões informadas sobre a constituição e a operação de uma holding familiar e a proteger e perpetuar o legado de sua família.

Capítulo 6: Alternativas à Holding Familiar

Outras Estruturas Jurídicas

Embora a holding familiar seja uma estrutura eficaz para muitas famílias empresárias, existem outras formas jurídicas que podem ser consideradas como alternativas. Cada estrutura possui características específicas que atendem a diferentes necessidades e objetivos. Vamos explorar algumas dessas alternativas:

Sociedade Limitada (Ltda)

A sociedade limitada é uma forma jurídica bastante comum e amplamente utilizada no Brasil. Ela é composta por dois ou mais sócios que possuem responsabilidade limitada ao valor de suas quotas. A administração da Ltda pode ser exercida por um ou mais sócios ou por terceiros designados no contrato social.

Sociedade Limitada Unipessoal (SLU)

A Sociedade Limitada Unipessoal (SLU) surgiu como uma alternativa interessante para empreendedores individuais que desejam limitar sua responsabilidade, substituindo a Empresa Individual de Responsabilidade Limitada (EIRELI). A publicação da Lei nº 14.195, de 26 de agosto de 2021, determinou o fim da EIRELI, substituindo-a automaticamente pela SLU. Assim como a EIRELI, a SLU pode ser constituída por apenas um sócio, que é responsável apenas pelo capital social subscrito, mas sem a exigência de um capital social mínimo elevado. A SLU oferece uma estrutura simplificada e flexível, facilitando a formalização de empreendimentos individuais com a proteção de responsabilidade limitada.

Sociedade Anônima (S/A)

A sociedade anônima é uma estrutura mais complexa, adequada para empresas de grande porte. Na S/A, o capital social é dividido em ações, e a responsabilidade dos acionistas é limitada ao valor das ações subscritas. As S/As podem ser de capital aberto ou fechado, e estão sujeitas à Lei das S/As (Lei nº 6.404/1976).

Empresário Individual

O empresário individual é uma forma jurídica simples, onde uma única pessoa física exerce a atividade empresarial em seu próprio nome. Nesse caso, não há separação entre o patrimônio pessoal do empresário e o patrimônio da empresa, o que significa que ele responde ilimitadamente pelas dívidas do negócio.

Sociedade Simples

A sociedade simples é utilizada principalmente por profissionais liberais, como médicos, advogados e contadores, que desejam exercer sua atividade em conjunto. A responsabilidade dos sócios pode ser limitada ou ilimitada, conforme estabelecido no contrato social.

Vantagens e Desvantagens

Cada estrutura jurídica possui vantagens e desvantagens que devem ser consideradas ao decidir a melhor opção para a família empresária. Vamos analisar essas características em detalhes:

Sociedade Limitada (Ltda)

Vantagens:

- Responsabilidade limitada ao valor das quotas.
- Flexibilidade na administração e na distribuição de lucros.
- Processo de constituição relativamente simples e menos oneroso.

Desvantagens:

- Exige a participação de pelo menos dois sócios.
- Menor acesso a mercados de capitais em comparação com a S/A.

Empresa Individual de Responsabilidade Limitada (EIRELI)

Vantagens:

- Responsabilidade limitada ao capital social subscrito.
- Possibilidade de ser constituída por um único sócio.
- Simplificação da gestão em relação à sociedade limitada.

Desvantagens:

- Exigência de um capital social mínimo elevado.
- Menor flexibilidade em termos de estruturação societária.

Sociedade Anônima (S/A)

Vantagens:

- Responsabilidade limitada ao valor das ações subscritas.
- Maior acesso a mercados de capitais e possibilidade de emissão de ações.
- Estrutura adequada para grandes empresas e expansão internacional.

Desvantagens:

- Processo de constituição e manutenção mais complexo e oneroso.
- Exigência de conformidade rigorosa com a legislação e regulamentações específicas.

Empresário Individual

Vantagens:

- Simplicidade na constituição e na gestão.
- Controle total do negócio pelo empresário.

Desvantagens:

- Responsabilidade ilimitada pelas dívidas do negócio.
- Menor proteção patrimonial em comparação com outras estruturas.

Sociedade Simples

Vantagens:

- Estrutura adequada para profissionais liberais.
- Flexibilidade na administração e na distribuição de lucros.

Desvantagens:

- Responsabilidade dos sócios pode ser ilimitada, dependendo do contrato social.
- Menor proteção patrimonial em comparação com sociedades limitadas e anônimas.

Cenários Comparativos

Para entender melhor quando as alternativas à holding familiar podem ser mais vantajosas, vamos analisar diferentes cenários e como cada estrutura se adapta a necessidades específicas.

Cenário 1: Pequena Empresa Familiar com Atividades Simples

Uma pequena empresa familiar que realiza atividades simples, como um comércio local ou um serviço de consultoria, pode se beneficiar da constituição de uma sociedade limitada (Ltda) ou de uma EIRELI. Essas estruturas oferecem responsabilidade limitada e são relativamente simples de constituir e manter. A proteção patrimonial e a flexibilidade na administração tornam essas alternativas adequadas para negócios de menor porte.

Cenário 2: Profissionais Liberais Atuando em Conjunto

Profissionais liberais, como médicos ou advogados, que desejam atuar em conjunto podem optar pela constituição de uma sociedade simples. Essa estrutura permite a colaboração entre os profissionais, mantendo a flexibilidade na administração e na distribuição de lucros. Dependendo do contrato social, a responsabilidade dos sócios pode ser limitada ou ilimitada.

Cenário 3: Empreendedor Individual com Patrimônio Significativo

Um empreendedor individual que possui um patrimônio significativo e deseja limitar sua responsabilidade pode considerar a constituição de uma EIRELI. Essa estrutura permite que o empreendedor exerça sua atividade empresarial com responsabilidade limitada ao capital social subscrito, protegendo seu patrimônio pessoal. No entanto, é importante considerar a exigência de um capital social mínimo elevado.

Cenário 4: Grande Empresa em Expansão

Para grandes empresas em expansão, a sociedade anônima (S/A) pode ser a estrutura mais adequada. A S/A oferece acesso a mercados de capitais, permitindo a emissão de ações para financiar o crescimento. A responsabilidade limitada ao valor das ações subscritas e a conformidade com a legislação específica tornam a S/A uma opção robusta para empresas de grande porte.

Cenário 5: Empresa Familiar com Diversificação de Negócios

Uma empresa familiar que possui investimentos diversificados em diferentes setores pode considerar a constituição de uma holding familiar para centralizar a gestão dessas participações. No entanto, se a diversificação não for tão extensa e a complexidade das operações for menor, uma sociedade limitada (Ltda) pode ser uma alternativa mais simples e igualmente eficaz.

Flexibilidade e Adaptação

A flexibilidade e a capacidade de adaptação das diferentes estruturas jurídicas são aspectos cruciais a serem considerados ao decidir a melhor opção para a família empresária.

Sociedade Limitada (Ltda)

A sociedade limitada oferece flexibilidade na administração e na distribuição de lucros, permitindo que os sócios ajustem a estrutura conforme necessário. A Ltda é adequada para uma ampla variedade de atividades empresariais e pode ser facilmente adaptada para atender às necessidades específicas da família.

Sociedade Limitada Unipessoal (SLU)

A Sociedade Limitada Unipessoal (SLU) oferece uma solução flexível para empreendedores individuais que desejam limitar sua responsabilidade. Com a publicação da Lei nº 14.195, de 26 de agosto de 2021, a SLU substituiu automaticamente a Empresa Individual de Responsabilidade Limitada (EIRELI). Ao contrário da EIRELI, a SLU não exige um capital social mínimo elevado, proporcionando uma estrutura mais acessível e simplificada. A SLU permite ajustes na administração e na estrutura societária conforme necessário, mantendo a responsabilidade limitada ao capital social subscrito.

Sociedade Anônima (S/A)

A sociedade anônima é altamente flexível em termos de acesso a mercados de capitais e emissão de ações. No entanto, a conformidade rigorosa com a legislação e regulamentações específicas pode limitar a capacidade de adaptação rápida a mudanças. A S/A é mais adequada para grandes empresas com operações complexas.

Empresário Individual

O empresário individual oferece simplicidade e controle total do negócio, permitindo uma rápida adaptação a mudanças. No entanto, a responsabilidade ilimitada e a falta de proteção patrimonial podem ser desvantagens significativas.

Sociedade Simples

A sociedade simples oferece flexibilidade para profissionais liberais atuarem em conjunto, ajustando a administração e a distribuição de lucros conforme necessário. No entanto, a responsabilidade dos sócios pode ser ilimitada, dependendo do contrato social, o que pode limitar a proteção patrimonial.

Considerações Finais

Embora a holding familiar ofereça uma série de benefícios significativos, como proteção patrimonial, planejamento sucessório e eficiência fiscal, outras estruturas jurídicas também podem ser adequadas para diferentes famílias e empresas. A escolha da estrutura ideal depende das características específicas do negócio, dos objetivos de longo prazo e das necessidades de gestão e proteção patrimonial.

Ao avaliar as alternativas à holding familiar, é importante considerar as vantagens e desvantagens de cada estrutura, os cenários em que elas são mais vantajosas e sua capacidade de adaptação às necessidades específicas da família empresária. Com uma análise cuidadosa e a orientação de profissionais qualificados, é possível identificar a estrutura jurídica que melhor atende às necessidades e objetivos da família, garantindo a proteção e a continuidade dos negócios ao longo das gerações.

Nos capítulos seguintes, continuaremos a explorar as estratégias de gestão e manutenção de uma holding familiar, fornecendo orientações detalhadas para garantir a eficiência e a sustentabilidade dessa estrutura. Esperamos que essas informações ajudem você, leitor, a tomar decisões informadas sobre a constituição e a operação de uma holding familiar ou de outras estruturas jurídicas, protegendo e perpetuando o legado de sua família.

Capítulo 7: Perguntas Frequentes

Principais Dúvidas

1. O que é uma holding familiar?

Uma holding familiar é uma empresa criada para centralizar a gestão de participações em outras empresas ou ativos pertencentes a uma família. Ela facilita o planejamento sucessório, a proteção patrimonial e a eficiência fiscal. A holding pode ser constituída como sociedade limitada (Ltda) ou sociedade anônima (S/A), dependendo das necessidades da família.

2. Quais são as principais vantagens de constituir uma holding familiar?

As principais vantagens incluem:

Planejamento Sucessório: Facilita a transferência de patrimônio entre gerações, evitando disputas.

Proteção Patrimonial: Dificulta a penhora de bens, protegendo o patrimônio familiar.

Eficiência Fiscal: Oferece oportunidades para reduzir a carga tributária.

Gestão Centralizada: Permite uma administração mais eficiente e profissionalizada dos bens e negócios.

Estabilidade e Continuidade: Garante a continuidade dos negócios familiares ao longo das gerações.

3. Quais são os principais desafios e riscos de uma holding familiar?

Os principais desafios incluem a complexidade jurídica, os custos de implementação e manutenção, os possíveis conflitos familiares, os riscos fiscais e os desafios operacionais. É crucial planejar cuidadosamente e contar com a assessoria de profissionais qualificados para mitigar esses riscos.

4. Como funciona o planejamento sucessório em uma holding familiar?

O planejamento sucessório em uma holding familiar envolve a transferência de quotas ou ações da holding para os herdeiros. Isso pode ser feito através de doações com cláusulas restritivas (inalienabilidade, impenhorabilidade e incomunicabilidade) e reserva de usufruto. A holding facilita a sucessão ordenada e protege o patrimônio contra disputas judiciais.

5. Quais são os custos envolvidos na criação de uma holding familiar?

Os custos incluem honorários de advogados e consultores, taxas de registro, despesas com a elaboração de documentos jurídicos e contábeis, e custos de manutenção contínua, como auditorias e compliance. É importante realizar uma análise financeira detalhada para avaliar a viabilidade econômica da holding.

6. Quem deve considerar a constituição de uma holding familiar?

Famílias com um patrimônio significativo, empresas familiares em crescimento, famílias com diversificação de negócios e aquelas que buscam planejamento sucessório eficiente devem considerar a constituição de uma holding familiar.

7. Quais são as obrigações fiscais de uma holding familiar?

As obrigações fiscais incluem a apresentação de declarações de impostos, a manutenção de livros contábeis e fiscais, o pagamento de tributos e a conformidade com a legislação tributária. A contratação de consultores fiscais é essencial para garantir o cumprimento dessas obrigações e a otimização fiscal.

Mitos e Verdades

Mito 1: Todas as famílias empresárias precisam de uma holding familiar.

Verdade: Nem todas as famílias empresárias precisam de uma holding familiar. A necessidade de uma holding depende do tamanho e da complexidade do patrimônio, dos objetivos de longo prazo da família e das necessidades de gestão e proteção patrimonial. Famílias com patrimônios menores ou operações simples podem não se beneficiar tanto de uma holding.

Mito 2: A constituição de uma holding familiar é muito cara e complicada.

Verdade: Embora a constituição de uma holding envolva custos e uma certa complexidade, os benefícios podem superar esses desafios, especialmente para famílias com patrimônios significativos e necessidades complexas de gestão e sucessão. Com o planejamento adequado e a contratação de profissionais qualificados, é possível criar uma holding de maneira eficiente.

Mito 3: A holding familiar elimina completamente os impostos.

Mito: A holding familiar não elimina os impostos, mas pode otimizar a carga tributária através de estratégias de planejamento fiscal. A distribuição de dividendos isentos de imposto de renda e a compensação de prejuízos fiscais são exemplos de como a holding pode proporcionar eficiência fiscal, mas é essencial estar em conformidade com a legislação tributária.

Mito 4: Apenas grandes empresas podem se beneficiar de uma holding familiar.

Mito: Tanto pequenas quanto grandes empresas podem se beneficiar de uma holding familiar, desde que haja uma necessidade real de planejamento sucessório, proteção patrimonial e eficiência fiscal. O tamanho da empresa não é o único fator determinante; a complexidade e os objetivos da família também são importantes.

Mito 5: A holding familiar resolve todos os problemas de gestão e sucessão.

Mito: A holding familiar é uma ferramenta poderosa, mas não é uma solução mágica. Ela facilita a gestão e a sucessão, mas é necessário implementar boas práticas de governança, investir em treinamento e desenvolvimento dos sucessores e manter uma comunicação aberta e transparente entre os membros da família.

Depoimentos e Experiências

Depoimento 1: Família Silva - Sucesso no Planejamento Sucessório

"A constituição da nossa holding familiar foi um divisor de águas para a nossa família. Com a ajuda de consultores especializados, conseguimos transferir as participações societárias para os nossos filhos de forma ordenada e com vantagens fiscais significativas. Além disso, a holding facilitou a gestão dos nossos imóveis e investimentos, proporcionando uma visão consolidada do nosso patrimônio. Recomendo fortemente para famílias que buscam proteção patrimonial e eficiência na sucessão." - João Silva, empresário.

Depoimento 2: Família Pereira - Proteção Patrimonial Eficaz

"Decidimos criar uma holding familiar para proteger nosso patrimônio contra riscos empresariais. A segregação dos ativos de risco e a utilização de cláusulas restritivas nas doações nos deram uma tranquilidade que não tínhamos antes. A holding também nos ajudou a implementar boas práticas de governança e a preparar a próxima geração para assumir a liderança dos nossos negócios." - Maria Pereira, empresária do agronegócio.

Depoimento 3: Família Souza - Eficiência Fiscal e Gestão Centralizada

"A constituição da nossa holding familiar nos permitiu otimizar nossa carga tributária e centralizar a gestão dos nossos investimentos diversificados. A contratação de gestores profissionais e a criação de um conselho de administração trouxeram mais eficiência e transparência para a administração dos nossos negócios. Estamos muito satisfeitos com os resultados e acreditamos que a holding foi uma excelente decisão para a nossa família." - Pedro Souza, investidor.

Recomendações Práticas

1. Realize uma Avaliação Patrimonial Detalhada

Antes de decidir pela constituição de uma holding familiar, é essencial realizar uma avaliação detalhada do patrimônio da família. Isso inclui identificar todos os ativos, como imóveis, participações societárias e investimentos financeiros, e entender sua distribuição e valor.

2. Defina Objetivos Claros

Definir objetivos claros é crucial para orientar o processo de criação da holding. Determine o que a família deseja alcançar com a holding, seja proteção patrimonial, planejamento sucessório, eficiência fiscal ou gestão centralizada. Esses objetivos ajudarão a alinhar as expectativas e a garantir que a estrutura da holding atenda às necessidades específicas da família.

3. Contrate Profissionais Qualificados

A contratação de advogados, contadores e consultores especializados é fundamental para garantir que a constituição e a gestão da holding sejam realizadas de maneira correta e eficiente. Esses profissionais trazem a expertise necessária para lidar com a complexidade jurídica e fiscal envolvida no processo.

4. Elabore Documentos Jurídicos Bem Detalhados

A elaboração de documentos jurídicos, como o contrato social, o estatuto social e os acordos de sócios, deve ser feita com precisão e atenção aos detalhes. Esses documentos são essenciais para a conformidade legal e a proteção dos interesses da família. Certifique-se de que todas as cláusulas relevantes sejam incluídas e revisadas por profissionais qualificados.

5. Implemente Boas Práticas de Governança

A implementação de boas práticas de governança é crucial para o sucesso da holding familiar. Crie conselhos de administração, defina políticas de transparência e responsabilidade, e implemente sistemas de controle e compliance. A governança robusta ajuda a garantir uma administração eficiente e sustentável.

6. Planeje a Sucessão com Antecedência

O planejamento sucessório deve ser feito com antecedência para garantir uma transição suave e ordenada. Defina critérios claros para a escolha dos sucessores, prepare os herdeiros para assumir posições de liderança e implemente mecanismos que protejam o patrimônio e evitem disputas familiares.

7. Monitore e Avalie Continuamente

A manutenção contínua da holding e o monitoramento regular de seu desempenho são essenciais para garantir a eficiência e a sustentabilidade da estrutura. Utilize indicadores de desempenho, realize avaliações periódicas e identifique áreas de melhoria para manter a holding alinhada com os objetivos da família.

Considerações Finais

As perguntas frequentes, os mitos e verdades, os depoimentos e as recomendações práticas fornecidos neste capítulo oferecem uma visão abrangente sobre a constituição e a gestão de uma holding familiar. Ao abordar as principais dúvidas e desmistificar crenças populares, esperamos ajudar você, leitor, a tomar decisões informadas sobre essa estrutura jurídica.

Nos capítulos seguintes, continuaremos a explorar as estratégias de gestão e manutenção de uma holding familiar, fornecendo orientações detalhadas para garantir a eficiência e a sustentabilidade dessa estrutura. Esperamos que essas informações ajudem você a proteger e perpetuar o legado de sua família, garantindo a estabilidade e a prosperidade das futuras gerações.

Conclusão

Resumo dos Principais Pontos

Ao longo deste livro, exploramos em detalhes os aspectos fundamentais das holdings familiares, destacando seus benefícios, desafios e as estratégias para sua implementação e gestão. A seguir, recapitulamos os principais pontos abordados:

Benefícios da Holding Familiar:

Planejamento Sucessório: Facilita a transferência ordenada de patrimônio entre gerações, utilizando mecanismos como doação com cláusulas restritivas e reserva de usufruto.

Proteção Patrimonial: Cria barreiras legais que dificultam a penhora de bens, segregando ativos de risco e protegendo o patrimônio contra disputas judiciais e credores.

Eficiência Fiscal: Permite a otimização da carga tributária através da isenção de imposto de renda sobre dividendos e da compensação de prejuízos fiscais.

Gestão Centralizada: Centraliza a administração dos bens e negócios da família, promovendo uma gestão mais eficiente e profissionalizada.

Estabilidade e Continuidade: Garante a continuidade dos negócios familiares ao longo das gerações, prevenindo conflitos e assegurando a harmonia entre os membros da família.

Flexibilidade e Adaptação: Oferece capacidade de adaptação a mudanças legislativas e de mercado, ajustando estratégias e práticas conforme necessário.

Desafios e Riscos da Holding Familiar:

Complexidade Jurídica: Envolve uma série de formalidades legais e obrigações contínuas que exigem a assessoria de advogados especializados.

Custos de Implementação e Manutenção: Requer investimentos iniciais significativos e custos contínuos de manutenção, incluindo honorários de profissionais, taxas de registro e despesas operacionais.

Conflitos Familiares: Pode gerar disputas entre membros da família, especialmente em relação à administração e à sucessão dos negócios.

Riscos Fiscais: A complexidade da legislação tributária pode resultar em riscos de reclassificação de operações e penalidades por descumprimento de obrigações fiscais.

Desafios Operacionais: A gestão centralizada de múltiplas empresas e ativos exige uma coordenação eficiente e a implementação de sistemas de controle adequados.

Cenários Adversos: A holding deve estar preparada para enfrentar crises econômicas, mudanças legislativas e outras situações adversas, garantindo a resiliência e a sustentabilidade dos negócios.

Reflexão Final

A decisão de constituir uma holding familiar é uma escolha estratégica que pode trazer inúmeros benefícios, mas também envolve desafios significativos. É essencial realizar uma análise criteriosa das necessidades e objetivos da família, avaliando se a holding é a estrutura mais adequada para proteger o patrimônio, facilitar a sucessão e otimizar a eficiência fiscal.

Para muitas famílias empresárias, a holding oferece uma solução robusta para a gestão e a proteção do patrimônio, proporcionando estabilidade e continuidade aos negócios. No entanto, é importante lembrar que a holding não é uma solução universal e pode não ser adequada para todas as famílias. Famílias com patrimônios menores ou operações menos complexas podem encontrar alternativas mais simples e igualmente eficazes.

A reflexão sobre a constituição de uma holding deve considerar os custos e benefícios, os riscos e desafios, e a necessidade de contratar profissionais qualificados para garantir uma implementação e gestão eficientes. A governança robusta, o planejamento sucessório antecipado e a implementação de boas práticas de gestão são fundamentais para o sucesso da holding familiar.

Próximos Passos

Para aqueles que desejam aprofundar o tema ou iniciar o processo de constituição de uma holding familiar, recomendamos os seguintes passos:

1. Realize uma Avaliação Patrimonial Detalhada:

Faça um inventário completo dos ativos da família, incluindo imóveis, participações societárias, investimentos financeiros e outros bens valiosos. Avalie o valor de mercado de cada ativo e identifique possíveis riscos e oportunidades.

2. Defina Objetivos Claros:

Estabeleça os objetivos de longo prazo da família, considerando aspectos como proteção patrimonial, planejamento sucessório, eficiência fiscal e gestão centralizada. Esses objetivos orientarão a estruturação da holding e a definição das estratégias de gestão.

3. Contrate Profissionais Qualificados:

Procure advogados especializados em direito societário e planejamento patrimonial, contadores experientes em planejamento fiscal e consultores de governança e gestão. A expertise desses profissionais é essencial para garantir a conformidade legal e a eficiência da holding.

4. Elabore Documentos Jurídicos Bem Detalhados:

Trabalhe com seus consultores para elaborar o contrato social ou estatuto social da holding, bem como os acordos de sócios. Certifique-se de que todos os aspectos relevantes, como administração, distribuição de lucros, sucessão e resolução de conflitos, estejam claramente definidos.

5. Implemente Boas Práticas de Governança:

Crie conselhos de administração e de família, defina políticas de transparência e responsabilidade, e implemente sistemas de controle e compliance. A governança robusta é fundamental para a eficiência e a sustentabilidade da holding.

6. Planeje a Sucessão com Antecedência:

Desenvolva um plano de sucessão claro, definindo critérios e processos para a escolha dos sucessores e preparando a próxima geração para assumir posições de liderança. Utilize mecanismos legais, como doações com cláusulas restritivas, para proteger o patrimônio durante a transição.

7. Monitore e Avalie Continuamente:

Estabeleça indicadores de desempenho e realize avaliações periódicas para monitorar a eficiência e a sustentabilidade da holding. Identifique áreas de melhoria e ajuste as estratégias conforme necessário para garantir o alinhamento com os objetivos da família.

Mensagem Final

A constituição de uma holding familiar é uma decisão que requer uma análise criteriosa e um planejamento detalhado. É uma estrutura poderosa que pode oferecer proteção patrimonial, eficiência fiscal, planejamento sucessório e gestão centralizada, mas também envolve complexidades jurídicas, custos significativos e desafios operacionais.

Antes de tomar essa decisão, é fundamental avaliar se a holding é a melhor opção para as necessidades e objetivos específicos da família. A contratação de profissionais qualificados, a elaboração de documentos jurídicos bem detalhados e a implementação de boas práticas de governança são passos essenciais para garantir o sucesso da holding.

Este livro teve como objetivo fornecer uma visão abrangente e detalhada sobre as holdings familiares, explorando seus benefícios, desafios e estratégias de implementação e gestão. Esperamos que as informações apresentadas ajudem você, leitor, a tomar decisões informadas e a proteger e perpetuar o legado de sua família, garantindo a estabilidade e a prosperidade das futuras gerações.

A constituição de uma holding familiar é um passo significativo que pode transformar a forma como a família administra e protege seu patrimônio. Com a orientação adequada e um planejamento cuidadoso, é possível criar uma estrutura robusta que atenda às necessidades da família e assegure a continuidade dos negócios ao longo das gerações.

Glossário de Termos

Acordo de Sócios: Documento que estabelece as regras e condições para a relação entre os sócios de uma empresa, incluindo aspectos como compra e venda de quotas ou ações, sucessão, resolução de conflitos e governança.

Assembleia Geral: Reunião dos acionistas ou sócios de uma empresa para discutir e deliberar sobre assuntos importantes relacionados à administração, operações e estratégia da empresa.

Blindagem Patrimonial: Conjunto de estratégias jurídicas e financeiras destinadas a proteger o patrimônio de uma pessoa ou família contra riscos, credores e disputas judiciais.

Capital Social: Montante de recursos aportados pelos sócios ou acionistas de uma empresa para iniciar e sustentar suas operações. O capital social pode ser composto por dinheiro, imóveis, participações em outras empresas e outros ativos.

CNPJ (Cadastro Nacional da Pessoa Jurídica): Número de registro de uma pessoa jurídica no Brasil, fornecido pela Receita Federal. É essencial para a realização de atividades econômicas, emissão de notas fiscais e cumprimento de obrigações fiscais.

Conselho de Administração: Órgão de governança responsável por supervisionar a gestão da empresa, tomar decisões estratégicas e representar os interesses dos acionistas ou sócios. Pode incluir membros da família e profissionais externos.

Contabilidade: Conjunto de práticas e procedimentos utilizados para registrar, analisar e interpretar as informações financeiras de uma empresa, visando à tomada de decisões informadas e ao cumprimento das obrigações legais.

Contrato Social: Documento que regulamenta a constituição, administração e operação de uma sociedade limitada. Deve ser registrado na Junta Comercial e incluir informações sobre os sócios, capital social, administração e distribuição de lucros.

Demonstrações Financeiras: Conjunto de relatórios contábeis que apresentam a situação financeira, o desempenho e os fluxos de caixa de uma empresa em um período específico. Incluem balanço patrimonial, demonstração de resultados e demonstração de fluxos de caixa.

Distribuição de Dividendos: Pagamento de parte dos lucros de uma empresa aos seus acionistas ou sócios, proporcionalmente à participação de cada um no capital social.

Eficiência Fiscal: Otimização da carga tributária de uma empresa ou pessoa através do planejamento e da utilização de incentivos fiscais e estratégias legais que reduzem o impacto dos impostos sobre o patrimônio e os rendimentos.

EIRELI (Empresa Individual de Responsabilidade Limitada): Forma jurídica que permite a constituição de uma empresa por uma única pessoa, com responsabilidade limitada ao capital social subscrito. Exige um capital social mínimo elevado.

Governança Corporativa: Conjunto de práticas, políticas e estruturas destinadas a garantir a transparência, a responsabilidade e a eficiência na administração de uma empresa, protegendo os interesses dos acionistas, sócios e demais stakeholders.

Holding Familiar: Empresa criada para centralizar a gestão de participações em outras empresas ou ativos pertencentes a uma família, facilitando o planejamento sucessório, a proteção patrimonial e a eficiência fiscal.

Imposto de Renda: Tributo cobrado sobre os rendimentos de pessoas físicas e jurídicas. A legislação brasileira prevê a isenção de imposto de renda sobre dividendos distribuídos por empresas.

ITCMD (Imposto sobre Transmissão Causa Mortis e Doação): Tributo estadual cobrado sobre a transmissão gratuita de bens e direitos, como heranças e doações. As alíquotas variam de acordo com o estado e a natureza da transmissão.

Mediação: Método de resolução de conflitos onde um mediador imparcial ajuda as partes a chegarem a um acordo mutuamente aceitável, evitando a judicialização e promovendo a harmonia.

Patrimônio: Conjunto de bens, direitos e obrigações pertencentes a uma pessoa ou entidade. Inclui imóveis, investimentos financeiros, participações societárias, propriedades rurais e outros ativos valiosos.

Planejamento Sucessório: Processo de organização e preparação para a transferência de bens, direitos e responsabilidades de uma geração para a próxima, visando à proteção do patrimônio e à continuidade dos negócios.

Procuração: Documento que delega poderes a uma pessoa para agir em nome de outra, realizando atos administrativos, assinando contratos e representando a empresa em assembleias e reuniões.

Sociedade Anônima (S/A): Forma jurídica onde o capital social é dividido em ações, e a responsabilidade dos acionistas é limitada ao valor das ações subscritas. Pode ser de capital aberto ou fechado e está sujeita à Lei das S/As (Lei nº 6.404/1976).

Sociedade Limitada (Ltda): Forma jurídica onde a responsabilidade dos sócios é limitada ao valor de suas quotas. A constituição de uma Ltda envolve a elaboração de um contrato social, registrado na Junta Comercial.

Sociedade Limitada Unipessoal (SLU): Estrutura jurídica que permite a constituição de uma empresa por um único sócio, com responsabilidade limitada ao valor do capital social subscrito. A SLU oferece uma solução flexível para empreendedores individuais, substituindo a antiga Empresa Individual de Responsabilidade Limitada (EIRELI) a partir da publicação da Lei nº 14.195, de 26 de agosto de 2021. Diferente da EIRELI, a SLU não exige um capital social mínimo elevado, tornando-se uma alternativa mais acessível para a formalização de negócios individuais. A SLU combina a simplicidade de gestão com a proteção de responsabilidade limitada, permitindo ajustes na administração e na estrutura societária conforme necessário.

Sociedade Simples: Estrutura jurídica utilizada principalmente por profissionais liberais que desejam exercer suas atividades em conjunto. A responsabilidade dos sócios pode ser limitada ou ilimitada, conforme estabelecido no contrato social.

Sucessão: Processo de transferência de controle, administração e patrimônio de uma empresa ou família para a próxima geração, garantindo a continuidade dos negócios e a proteção dos ativos.

Usufruto: Direito de usufruir dos rendimentos e benefícios de um bem, sem possuir a propriedade do mesmo. É comum em doações de quotas ou ações com reserva de usufruto, onde os doadores mantêm o direito de usufruir dos rendimentos durante sua vida.

Bibliografia

Para a elaboração deste livro, foram utilizadas diversas fontes e referências que fornecem uma base sólida para a compreensão das holdings familiares e das estruturas jurídicas e fiscais associadas. A seguir, apresentamos a bibliografia utilizada:

BRASIL. Código Civil Brasileiro (Lei nº 10.406/2002). Disponível em: https://www.planalto.gov.br/ccivil_03/leis/2002/L10406compilada.htm. Acesso em: 18/07/2024.

BRASIL. Lei das Sociedades por Ações (Lei nº 6.404/1976). Disponível em: https://www.planalto.gov.br/ccivil_03/leis/l6404compilada.htm. Acesso em: 18/07/2024.

BRASIL. Lei nº 9.249/1995 - Tributação de Pessoas Jurídicas e Distribuição de Dividendos. Disponível em: https://www.planalto.gov.br/ccivil_03/leis/l9249.htm. Acesso em 18/07/2024.

RECEITA FEDERAL DO BRASIL. Normas e Instruções sobre CNPJ e Obrigações Fiscais. Disponível em: https://www.gov.br/receitafederal/pt-br. Acesso em: 18/07/2024.

FUNDAÇÃO GETÚLIO VARGAS (FGV). Estudos e Publicações sobre Planejamento Patrimonial e Sucessório. Disponível em: https://www.fgv.br. Acesso em: 18/07/2024.

HARVARD BUSINESS REVIEW. Artigos sobre Governança Corporativa e Gestão de Empresas Familiares. Disponível em: https://hbr.org. Acesso em: 18/07/2024.

IBGC (INSTITUTO BRASILEIRO DE GOVERNANÇA CORPORATIVA). Boas Práticas de Governança Corporativa. Disponível em: https://www.ibgc.org.br. Acesso em: 18/07/2024.

CONSELHO FEDERAL DE CONTABILIDADE (CFC). Normas e Procedimentos Contábeis. Disponível em: https://cfc.org.br. Acesso em: 18/07/2024.

SEBRAE. Guias e Manuais para Pequenas e Médias Empresas. Disponível em: https://www.sebrae.com.br. Acesso em: 18/07/2024.

BIBLIOTECA JURÍDICA DIGITAL. Artigos e Teses sobre Direito Societário e Tributário. Disponível em: https://www.bjd.com.br. Acesso em: 18/07/2024.

FREIRE, Marco Túlio. Holding Familiar Noções Básicas para um Planejamento Organizacional, Patrimonial e Sucessório. São Paulo: Editora Dialética, 2022.

Recursos Adicionais

Para aqueles que desejam aprofundar seus conhecimentos sobre holdings familiares, planejamento sucessório, proteção patrimonial e governança corporativa, recomendamos os seguintes recursos adicionais:

Livros:

"Planejamento Patrimonial e Sucessório" - Autor: Nelson Eizirik

"Governança Corporativa: O Poder das Melhores Práticas" - Autor: Ricardo L. S. Gonçalves

"Direito Societário Brasileiro" - Autor: Modesto Carvalhosa

"Manual de Direito Empresarial" - Autor: Fábio Ulhoa Coelho

"Gestão de Empresas Familiares" - Autor: John L. Ward

"Holding Familiar Noções Básicas para um Planejamento Organizacional, Patrimonial e Sucessório" – Autor: Marco Túlio Freire

"Holding Familiar e suas Vantagens" – Gladston Mamede e Eduarda Cotta Mamede

"Holding Familiar e Participações" – Ivan Horcaio

"Planejamento Sucessório Teoria e Prática" – Conrado Paulino da Rosa

"Holding Visão Societária, Contábil e Tributária" – Elaine Cristina de Araújo e Arlindo Luiz Rocha Júnior

"Holding Familiar e Planejamento Sucessório na Prática" – Ulisses Vieira Moreira Peixoto

Artigos:

"Estruturas Jurídicas para Empresas Familiares: Vantagens e Desvantagens" - Publicado na Harvard Business Review

"Eficácia do Planejamento Sucessório através de Holdings Familiares" - Publicado na Revista de Direito Empresarial

"Proteção Patrimonial e Blindagem de Bens" - Publicado no Jornal Contábil

Sites:

Receita Federal do Brasil - www.receita.economia.gov.br

Conselho Federal de Contabilidade (CFC) - www.cfc.org.br

Instituto Brasileiro de Governança Corporativa (IBGC) - www.ibgc.org.br

SEBRAE - www.sebrae.com.br

Biblioteca Jurídica Digital - www.bjd.com.br

www.ingramcontent.com/pod-product-compliance
Lightning Source LLC
Chambersburg PA
CBHW072002210526
45479CB00003B/1036